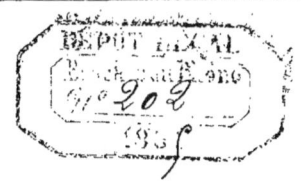

ITINÉRAIRE
DU
VISITEUR
DES
Principaux Monuments
D'ARLES,

PAR L'ABBÉ J.-M. TRICHAUD.

MISSIONNAIRE APOSTOLIQUE, MEMBRE DE L'INSTITUT
ARCHÉOLOGIQUE ET DE L'ACADÉMIE PONTIFICALE
DE SAINTE-CÉCILE DE ROME.

Gallula Roma Arelas.
Arles Rome des Gaules.
(AUSON. LIB. VII.)

ARLES.
IMPRIMERIE VEUVE CERF, RUE DU SAUVAGE, 7.

1853.

AVANT-PROPOS.

Cet abrégé historique d'Arles et de ses principaux monuments, n'est pas seulement destiné au visiteur étranger que l'amour curieux des arts amène au milieu de nos immenses ruines. Combien d'Arlésiens vivant au sein de ces merveilleux débris qui feront éternellement la gloire de leur vieille cité, en ignorent l'origine et les vicissitudes. Ces temples détruits, ces statues mutilées, ces colonnes brisées en mille pièces; toutes ces décorations somptueuses ont traversé les siècles, pour porter, jusqu'à nous, l'éclatante splendeur de la Rome des Gaules. *Gallula Roma Arelas.*

D'autres édifices sanctifiés par la présence d'illustres pontifes, de vénérables ministres du Seigneur, de fervents cénobites et de vierges pieuses, méritent de notre part une égale vénération. Ils nous rappellent aussi la grandeur et la puissance de cette sainte Eglise primatiale, la seconde après Rome (1), *d'où les ruisseaux de la foi jaillirent, avec abondance, vers les autres cités gauloises* (2).

Puisse ce petit écrit, inspirer à tous le respect et l'admiration, que commandent ces témoins éloquents de traditions séculaires et mémorables.

(1) Jean XIII à l'archevêque Yterius..... Prima Arelatensis Ecclesia quæ principatum et caput obtinet cæterarum Ecclesiarum, secunda à romanâ Sede... Bull. vatic., in auth. capit. Arel. fol. 2.

(2) St. Zozime, pape, epist ad Episc. gall.

ITINÉRAIRE

DU VISITEUR

des principaux Monuments d'Arles.

ITINÉRAIRE

DU VISITEUR
des principaux Monuments d'Arles.

SOMMAIRE HISTORIQUE SUR ARLES.

—

Arles est une des plus anciennes et des plus fameuses villes de la France (1). L'époque reculée de sa fondation est inconnue. Déjà au temps de Jules César, son importance politique

(1) Le nom d'Arles a soulevé de grandes discussions parmi les étymologistes. Les uns le croient grec, *Arelate peuple de Mars*. — D'autres le composent de deux mots latins *Ara luta*, *autel élevé*, sur lequel les premiers habitants sacrifiaient à leurs dieux ; — ou bien d'*area-lata*, *territoire spacieux*. — Ceux-ci puisant dans la langue celtique, affirment qu'Arles signifie une ville bâtie dans un lieu humide, AR et LAIH. — Champier-Gervasius, Guill. Cambden, Gassendi. — Festus Avienus, écrit que les Grecs appelaient Arles, *Théline*, *Mamelle*, parce qu'elle fournissait une grande quantité de blé.

> *Arelas illic civitas attolitur,*
> *Theline vocata sub priore sœclo,*
> *Graio incolente............*

Festus Avienus, ora maritima v. 680. Portæ latini minores.

et commerciale était si considérable, que cet ambitieux conquérant y envoya une colonie de soldats romains, et la qualifia de son nom insigne. *Colonia julia paterna Arelatensis* (1).

C'est dans son vaste chantier de construction de navires, que fut formée la flotte formidable employée au siége de Marseille. César nous l'apprend lui-même dans ses commentaires (2).

Bientôt le génie des Romains s'y développa avec une magnificence inouie. L'amphithéâtre, le cirque, les arcs de triomphe, l'obélisque, les temples, les acqueducs firent d'Arles une seconde Rome.

Constantin le grand, y fixa sa résidence; la combla de nombreux priviléges et la surnomma *Constantine*. A l'appel de ce religieux monarque, six cents évêques s'y rassemblèrent en 314.

O sainte église d'Arles, berceau du christianisme dans les Gaules, vous, dont le fondateur à jamais glorifié vint éclairer nos pères par l'ordre des apôtres de Jésus-Christ, vous étiez digne de la solennelle réunion du premier concile de tout l'Occident (3).

(1) Ces paroles se voient encore sur l'autel consacré aux mânes de *Paquius Pardalas* patron des constructeurs de navires.

Strabon lib. IV. 6. Isidore de Séville, épis. orig. etym. lib. 15 cap. I. de civit.

(2) De bello civil. lib. I. 36.

(3) Saint Augustin appelle ce concile *plenarium Ec-*

Aussi le Pape saint Zozime plein de vénération pour *cette fontaine sacrée d'où jaillirent, en abondance, les ruisseaux vivifiants de la foi*, lui conféra la prééminence ecclésiastique, par sa décrétale du 22 mars 417 (1).

En 418, l'édit d'Honorius convoquait à Arles, l'assemblée annuelle des sept provinces.

« .... Nous avons jugé, écrit l'empe-
» reur au préfet Agricola, que ce serait chose
» opportune et grandement profitable, qu'à da-
» ter de la présente année, il y eut tous les ans
» à une époque fixe, pour les habitants des sept
» provinces, une assemblée tenue dans la *Mé-*
» *tropole*, c'est-à-dire dans la ville d'Arles (2). »

Religieusement et politiquement, la cité Constantine, était devenue la Métropole des Gaules.

En 425, 429, 452 et 457, Arles soutint quatre siéges contre les Visigoths, qui finirent par la soumettre à leur puissance, en 466. Ibbhas commandant en chef des armées de Théodoric III, remporta, près de ses murs, une sanglan-

---

clesiæ universæ concilium. Ce grand docteur ajoute que deux cents évêques y assistèrent. Abdon de Vienne néanmoins en compte six cents.

Le 15me canon du IIme concile d'Arles dit en parlant de l'assemblée qui l'avait précédé, *primum concilium arelatense ex omnibus partibus mundi celebratum*.

(1) Epist. Zozimi ad epis. Gall.

(2 Edit d'Honorius. Hist. d'Arles.

te victoire contre les Francs et les Bourguignons qui voulaient forcer le passage du Rhône, et de là se précipiter sur toute la Provence.

Sous la domination de ces maîtres barbares, Arles ne perdit rien de son ancienne prospérité. Théodoric en fit la capitale de ses états et y rétablit en 511, le siége de la préfecture.

Enfin les Francs revenant à la charge renversèrent les Visigoths, et l'empereur Justinien 1" en confirmant cette conquête, leur céda tous les droits impériaux sur la ville d'Arles.

Childebert vint lui-même en prendre possession. Saint Césaire l'une des plus éclatantes lumières de l'épiscopat, alors archevêque d'Arles, le reçut avec pompe dans son église primatiale. Une étroite liaison s'établit entre ces deux grands personnages au profit de la religion et des pauvres. Les pieuses donations du nouveau roi furent innombrables. Ses largesses abondantes permirent à saint Césaire de construire le célèbre monastère de Mont-Majour et plusieurs établissements charitables, dans la ville même.

Les années 736 et 859 furent funestes à la Rome des Gaules; les Sarrasins s'en emparèrent par la force des armes. Mais l'intrépide Charles-Martel vole à son secours et la délivre avec gloire du joug pesant des cruels musulmans. Ceux-ci ne se tiennent pas pour vaincus.

Un siècle plus tard, ils reparaissent encore plus ardents à la lutte. Leur fureur s'abattit sous les coups de l'immortel Charlemagne. La chapelle de Sainte-Croix de Mont-Majour fut bâtie en mémoire de ce triomphe éclatant remporté le 3 mai, jour consacré à la croix du Sauveur.

En 855 l'empereur Lothaire fit à l'église d'Arles, la donation de l'abbaye de Cruas au Vivarais (1).

La même année, les Normands envahissent la Provence, se retranchent dans la Camargue où saint Rolland archevêque d'Arles, qui visitait alors les paroisses de cette île, fut impitoyablement massacré (2).

Boson beau-père de Charles-le-Chauve et son représentant en Provence, reçoit de son gendre le royaume d'Arles.

En 879, le roi d'Arles fait hommage de ses possessions à l'empereur d'Allemagne. Cet hommage est rejeté par les rois de France qui lui déclarent la guerre. Heureusement Boson unit une de ses filles à Carloman et conserve ses états.

Son fils Louis, l'aveugle, lui succéda en 887. Après lui régnèrent Hugues, Conrad, Rodolphe III, un instant détrôné par Gérard son parent. L'usurpateur ne jouit pas long-temps de son triomphe. L'empereur vint à Arles à la tête d'une vaillante troupe, s'empare de sa personne, et le sacrifie à la vengeance.

Conrad II dit le Salique fut le septième roi

---

(1) Histoire du Languedoc par les Bénédictins. Histoire d'Arles.

(2) Voyez mon opuscule des *Champs-élysées*.

d'Arles. Il fit sacrer son fils Henri-le-noir dans l'église de Saint-Etienne de Voleure. Puis se succédèrent Henri IV, Henri V, Conrad III.

C'est sous ce règne que les archevêques d'Arles auxquels l'absence prolongée des empereurs d'Allemagne donna une souveraine autorité, organisèrent l'administration municipale et créèrent des consuls. C'était une véritable république avec le protectorat d'un monarque bienveillant.

Frédéric Barberousse, reçut la couronne de roi d'Arles, des mains de l'archevêque Raymond de Bolène, dans la basilique de Saint-Trophime. Il céda ce titre à son fils Philippe, le 3 août 1179.

Son successeur Othon, fils de Henri le Superbe, se fit sacrer à Arles. L'empereur Frédéric, roi des deux Siciles hérita de ses droits. Charles IV son successeur vint à Arles, chercher le diadème royal qu'il déposa bientôt sur la tête de Charles V roi de France et qui fut ainsi définitivement enlevé aux empereurs d'Allemagne.

L'année 1220, vit changer la forme du gouvernement arlésien. L'autorité fut dévolue à un seul homme appelé Podestat. Ainsi en fut-il jusqu'en 1251. Alors la république d'Arles se soumit à Charles d'Anjou comte de Provence.

Pendant un siècle, l'histoire d'Arles n'offre point d'évènement important.

Le bon roi Réné autorise les Arlésiens, en 1470, à construire la tour du Tampan, aux embouchures du Rhône, pour arrêter les incursions des pirates. Il créa aussi deux foires franches de dix jours chacune, le 3 mai et le 15 septembre (1).

Charles III roi de Naples, neveu du roi Réné et son héritier, légua ses états à Louis XI roi de France en 1482.

Telle est la date de la réunion de la Provence au royaume très chrétien.

Pendant l'année 1535, Arles eut l'honneur de recevoir François 1er (2).

Peu après, elle faillit retomber entre les mains des Empereurs d'Allemagne.

Charles V après son entrée dans la ville d'Aix, manifeste l'intention de reprendre l'ancienne puissance de ses prédécesseurs en se dirigeant vers Arles suivi d'un nombreux cortége de cavaliers.

En quelques jours, les arlésiens réparèrent leurs remparts dégradés et construisirent de nouveaux bastions. Les hommes, les femmes, les enfants rivalisaient de zèle et d'ardeur. Les dames nobles de Quiqueran, des Porcelets, d'Alen, de Castellanne-Laval, etc., se montraient les plus actives, et portaient elles-mêmes des matériaux.

(1) Ce roi dont le nom est si populaire, aimait beaucoup la ville d'Arles. Il fit célébrer son second mariage avec Jeanne de Laval, dans l'église de Saint-Trophime, par le cardinal de Foix, en présence de tous les évêques, barons et chevaliers de Provence.

(2) Hist. de France, d'Arles.

Deux coups de canon tirés de la tour de la porte de l'Aure, épouvantèrent le marquis de Gua, envoyé par l'empereur avec une petite troupe, pour reconnaître l'état de la place.

Le 28 juillet 1563, Charles IX nomma les consuls d'Arles, gouverneurs de ville en l'absence des lieutenants généraux de Provence; et l'année suivante accompagné de sa mère Catherine de Médicis, il arriva dans nos murs (1).

Ses successeurs ne furent pas moins dévoués aux intérêts et aux priviléges des Arlésiens.

Louis XIII voulut leur témoigner son affection en se rendant parmi eux, le 30 octobre 1622.

Le grand roi Louis XIV, vint aussi à Arles, le 13 janvier 1660. Il donna aux habitants des marques non équivoques de sa bienveillance. Les impôts furent considérablement diminués. La société du bel-esprit instituée en 1662 par M. de Grille d'Estoublon prit le titre d'académie royale.

Arriva cette fatale époque de 1720. La mort moissonna nos pères avec une impitoyable fureur. Deux consuls, soixante et douze prêtres ou religieux, trente-cinq conseillers municipaux, trente-six médecins et 10,210 personnes de toutes conditions, tombèrent victimes de la contagieuse épidémie. Monseigneur de Janson, le Belzunce d'Arles, se distingua par son dévouement inviolable. Il ne craignait pas de porter des

(1) Histoire d'Arles.

aumônes et des consolations dans les réduits les plus obscurs et les plus malsains. Quels exemples sublimes et édifiants!

Arles se relevait à peine de ce désastre épouvantable, lorsqu'en 1755, au commencement de l'hiver, un fléau non moins désolant renouvella sa détresse. Le Rhône rompant ses digues près de Tarascon, se répandit avec une impétuosité furibonde dans le territoire d'Arles, emporta plusieurs maisons de campagne, abattit quatrevingts arches de l'aqueduc de Craponne et quinze du pont de Crau.

Le vénérable prélat, digne par ses nobles vertus de succéder aux Trophime, aux Hilaire, aux Césaire et aux Virgile, l'immortel Dulau, apporta aux Arlésiens le bonheur et la joie. Dieu l'avait choisi, ce semble, pour clore glorieusement la brillante couronne des saints pontifes de la vieille métropole. Dans la prison des Carmes, il expire martyr frappé d'un fer assassin le 10 août 1792.

L'église d'Arles avec sa primauté, son éclat et son autorité a disparu.

Au souffle destructeur de l'effroyable tempête, les priviléges civils et les prérogatives politiques de la Rome des Gaules sont anéantis, comme sa prépondérance religieuse. Elle est désormais soumise au droit commun.

Ici la susceptibilité inévitable des noms propres défend à l'historien impartial de révéler les faits contemporains, qu'une simple et brève notice ne permet pas de discuter et d'apprécier longuement (1).

Disons pourtant qu'Arles enrichie du passé, long-temps délaissée et méconnue, renait enfin à la vie de la civilisation et du progrès.

La plus belle ligne des chemins de fer du royaume, amène dans son enceinte les richesses commerciales du Nord et du Midi, en ouvrant aux nombreux produits de son territoire un débouché continuel et facile.

Bientôt les embouchures embarrassées du Rhône, s'ouvriront libres et sans danger. La Camargue, par une irrigation bienfaisante (2), et par le rehaussement des chaussées qui la défendent mal aujourd'hui contre les invasions ruineuses des eaux débordées, verra doubler sa fertile abondance (3).

(1) J'ai essayé de remplir cette lacune dans la grande histoire politique et religieuse de la ville d'Arles, que je livrerai bientôt à la publicité.

(2) La Camargue, où campa, dit-on, Marius, *Campus Marii ager*, surnommée le Delta du Rhône, est une ile immense formée par les alluvions du fleuve. A son extrémité s'élève la petite ville des Stes-Maries, où l'on conserve les saints ossements des Saintes-Maries Jacobé et Salomé. La Camargue produit 80,000 hectolitres de blé, ses gras paturages nourissent 140,000 bêtes à laine, 600 bêtes de traits, 700 taureaux sauvages, et 1,300 chevaux indigènes.

(3) M. Casimir de Jonquières, président des associations

Dès-lors, Arles méritera, plus justement encore qu'au temps de Strabon, l'expressive épithète de *Marché général* de l'Empire. *Arelas Galliarum Roma, imperii emporium magnum* (1).

---

de Camargue, dont tous connaissent le zèle désintéressé et infatigable pour l'amélioration de cette portion si conséquente de notre territoire, a obtenu du gouvernement une allocation considérable destinée à ces deux fins.

(1) Strabo, lib. IV. 7.

PRINCIPAUX MONUMENTS
D'ARLES.

ARTICLE PREMIER.

Les deux Colonnes de la place des Hommes. — Le Forum.

Sidoine Apollinaire, dans une de ses lettres, décrit avec élégance les diverses parties du Forum arlésien (1). Figurez-vous une immense cour rectangulaire entourée d'un portique de marbre artistement travaillé. Ça et là les statues colossales des dieux les plus révérés de la cité payenne. Au centre, le préfet du prétoire des Gaules avait placé la colonne milliaire que nous conservons au Musée.

SALVIS DD NN
THEODOSIO ET
VALENTINIANO
P. F. V. AC TRIUM
SEMPER AVG. XV
CONS. VIR. INLustris

(1) Sidon. Apoll. Epist. II. lib. 1. Lisez à ce sujet la description du forum d'Herculanum dans les œuvres de Duca di Serradifalco. — Bulletino dell'inst. di corrisp. arch. 1841-42 43.

auXILIARIS PRÆfectus
prœTOrii GALLIArum
de ARELate MA
millARIA PONI Statuit
Mille Passus I.

Ces deux colonnes granitiques d'ordre corinthien que vous voyez sur la place des Hommes, proviennent, dit-on, de ce monument ; l'inscription de la frise a disparu. En 1788, le savant M. Seguier, de Nîmes, par la méthode de combinaison de l'empreinte laissée par chaque lettre, crut lire :

DIVO CONSTANTINO MAX. PRINCIPI DIVI CONSTANTI.

FILIO DIVI CLAVDI NEPOTE.

DOMINO NOSTRO SEMPER AVG FL CLAVDIO CONSTANTINO

P. F. I. D. CONSTANTI. F.

PIISSIMÆ AC VENERABILI HELENÆ AVIÆ

FAUSTÆ AVGVST. MATRI ATAVISQUE.

Sous les maisons voisines, et particulièrement dans les caves du collége (1), on remarque des débris de portiques, de piédestaux dépourvus de

(1) Voici l'inscription dont on aperçoit les traces sur l'ancienne porte du Collége aujourd'hui murée :

COLLEGIUM SOCIETATIS JESU.

Anno D. MDCXLIX, coss. et gubernatoribus D. Josepho d'Arlatan, D. de Beaumont, D. Francisco Roy, D. Raymundo Escoffier, Collegio veteri subrogatum quod anno D. M.D.C.XXXVII. Coss. et gubernatoribus D. Marco d'Aiguière. D. de Méjane. D. Sylvio d'Antonelle de Montmillam. D. Mauritio Montfort. D. Stephano Combet : eidem societati donatum erat.

statues, de colonnes, d'arcades, auxquels il est très-hasardeux d'assigner une dénomination certaine. De toutes les opinions énoncées, voici la plus probable.

« Les fouilles de Pompéi ont constaté que
» dans cette ville, le forum, la basilique et les
» thermes étaient réunis; peut-être en était-il
» de même dans Arles antique; l'exemple de
» Pompéi et l'état des ruines d'Arles me font
» incliner vers cette opinion..... La tradition
» a toujours placé dans cette localité l'ancien
» Forum d'Arles et les édifices qui le décoraient,
» tels que le temple de Minerve (1) converti plus
» tard en une église nommée Notre-Dame de la
» Minerve ou du Temple. »

Le chanoine Gilles Duport écrivait en 1690 :
« L'église Notre-Dame du Temple fut ainsi ap-
» pelée à cause qu'elle était bâtie devant le tem-
» ple de Minerve, dont on voit encore quelques
» restes. On ne l'a dédiée à St.-Lucien que de-
» puis que Charlemagne y fit laisser par Turpin,
» archevêque de Rheims, les reliques de cet
» illustre martyr, que cet empereur avait ap-
» portées d'Orient et qu'on révère à Arles dans
» un buste de vermeil doré où on les a mi-
» ses (2). »

(1) Estrangin, Etudes sur Arles.

(2) Gilles Duport, Hist. de l'église d'Arles. Cette église si vénérable sert aujourd'hui de café. Quelle indigne profanation !

Les substructions de cette église sont encombrées d'ossements blanchis ; sur cet autel sacré que l'on y voit encore, se célébrait le saint sacrifice (1).

Les ruines adjacentes appartiennent aux thermes. Un acqueduc souterrain y amenait les eaux des montagnes des Baux et de Barbegal. Sous la place du marché, étaient situés les hypocaustes ou fourneaux. Les fouilles de 1675 en montrèrent quelques-uns (2).

(1) Gilles Duport. Saxy. Seguin. Bonnemant. Estrangin.
(2) Seguin. Estrangin. Clair.

ARTICLE DEUXIÈME

Hôtel-de-Ville.

—

De la place du Forum, dirigez vos pas vers l'Hôtel-de-Ville. Contre le mur de l'ancien palais de la Cour royale, aujourd'hui la maison d'arrêt, ces vieux degrés de pierre rappellent l'antique chêne de la forêt de Vincennes, au pied duquel le bon roi St-Louis remplissait, avec liesse, les fonctions de justicier. Ici, la justice se rendait aussi en plein air, par les consuls de la cité, devant le peuple rassemblé.

Le 22 juin 1673, fut posée la première pierre de l'Hôtel-de-ville, au coin de la tour de l'Homme-de-bronze qui existait depuis 1553 (1). Jacques Peytret, architecte arlésien, en dirigea l'exécution, sur un plan dressé par lui et soumis à l'approbation du célèbre Mansard.

Sur les deux portes principales sont gravées les armes de la ville, argent à un lion d'or accroupi, avec cette devise : AB IRA LEONIS (2).

(1) La statue en bronze du dieu Mars qui surmonte la coupole est devenue le palladium de la cité. Cette statue colossale fut érigée en 1555.

(2) L'origine de ces armes a soulevé de graves discussions parmi les antiquaires. — Ce qu'il y a de certain, c'est que

Intérieurement on lit d'un côté :

Anno Domini M. D. C. LXXXIII, Ludovico Magno feliciter regnante et gloriose ad Rhenum Mosamque triumphante, Jac. de Grille. Joan. Autran. Gasp. Brunet. Joan. Bapt. Jéhan. coss. has œdes publicis civium habentis comitiis extruebant, quod innumerarum fortissimi principis victoriarum, suæque ipsorum erga Rempublicam curæ ac vigilantiæ monimentum esse voluerunt (1).

l'an 43 avant J.-C., César envoya dans Arles Claude Tibère Néron pour y fonder une colonie composée des soldats de la sixième légion, à laquelle il donna pour armes un lion. — De plus, la médaille frappée en l'honneur de Constantin-le-grand prouve que la ville d'Arles a toujours conservé ces armoiries. Elle porte de face la tête voilée de l'empereur avec cette légende : DIVO CONSTANTINO M. PRINC. Elle a pour type un lion entouré de ces mots : MEMORIAE AETERNAE. Les lettres P. A., c'est-à-dire *percussa Arelate*, sont gravées sur l'exergue.

Nous lisons dans les curieux récits de Bertrand Boisset, que la ville nourrissait un lion, dans la cour du palais de l'archevêque :

« L'an 1406, le jorn 3 d'avril, mori lo liou d'Arles,
» loqual avié viscut estant en Arles, dex-nou ans é sicis
» meses. (Mémoires de Bertrand Boisset, biblioth. d'Ar-
» les.) »

(1) Cette inscription fut composée par M. l'abbé de Verdier, célèbre orateur arlésien.

Et en face :

Assurgente Ludovici Magni gloria,
Suprà depressas Germanorum aquilas
Surrexit
Harum œdium superior pars,
Curis ac vigilantiâ
Joan. Bapt. de Forbin. And. Pazier, Elzéar
Vachier, Andr. Bartholom. Lanaud. coss.
anno Domini M. D. C. LXXXIV (1).

La voûte plate du vestibule est un vrai tour de force. L'entrée du grand escalier est gardée par deux lions, œuvre de Dedieu qui avait aussi sculpté la statue équestre de Louis XIV placée en face, mais qui a été brisée pendant la révolution.

Sur le premier palier est une copie en plâtre de la Vénus d'Arles, que les Arlésiens offrirent en présent à Louis XIV, et que l'on admire aujourd'hui au Palais de Versailles

Les médaillons dégradés des deux façades principales représentaient les six premiers rois d'Arles, Boson, Louis Boson, Hugues, Rodolphe-le-*pacifique* et Rodolphe II.

Au milieu du fronton, entre deux renommées foulant aux pieds deux esclaves garottés, resplendissait un soleil, armes de Louis XIV.

L'Hôtel-de-Ville renferme une bibliothèque

---

(1) Celle-ci est l'œuvre de M. de Loste, habile médecin de l'époque.

publique fondée en 1822 par M. de Perrin de Jonquières à qui les Arlésiens sont redevables de tant de bienfaisantes et utiles institutions (1).

Il y a aussi un riche cabinet d'histoire naturelle dû aux soins de M. le baron de Chartrouse, l'un des administrateurs de la cité les plus intelligents et les plus dévoués (2).

(1) M. de Jonquières créa les écoles chrétiennes pour les deux sexes, ouvrit un grand chemin de communication, restaura le collége et renouvella le Mont-de-Piété.

(2) Grâce aux efforts persévérants de M. de Chartrouse, Arles a vu ses plus beaux monuments, son théâtre, son amphithéâtre, sortir du sein des décombres sous lesquels ils gisaient écrasés et ensevelis.

ARTICLE TROISIÈME

Musée.

—

A droite de l'Hôtel-de-ville, dans l'ancienne église Ste-Anne des Oratoriens, ont été réunis les tombeaux, les dalles funéraires, les cippes, les urnes cinéraires, etc., tous les débris enfin de nos antiques monuments (1). Je n'en décrirai que quelques-uns, laissant au visiteur intelligent le soin d'apprécier les autres.

1° *Les Tombeaux payens.*

Le sarcophage de Sextus OElius Vitalis, quoique dépourvu d'ornements, est cependant remarquable par le contour arrondi des lettres onciales.

Lisez l'inscription curieuse du sépulcre élevé aux mânes de Titus Flavius Titus de la corporation des charpentiers d'Arles, par un de ses ouvriers.

D
TIT. FL. TITO. COR
P. FABORR. TIG.
NARIOR. CORP.
AREL. TIT. FL. IN
VENTVS PA
TRONO. PIENT.
M

(1) La savante direction et le goût exquis de M. Huart, ont rendu ce musée lapidaire très-intéressant et infiniment instructif, pour les archéologues.

Deux amies, Cornelia Sedata et Cornelia Optata, voulurent être ensevelies ensemble dans ce sarcophage de pierre où leurs bustes sont reproduits.

Ce qui nous reste du tombeau consacré par Terentius Museus à sa femme chérie Hydria Tertulla et à sa fille très-douce Axia OEliana, est vraiment digne d'admiration. Voici l'épitaphe qu'entourent des groupes divers de personnages dont il est difficile d'expliquer l'attitude.

  HYDRIÆ. TERTVLLÆ.
  C. F. CONIVGI. AMANTISSI
  MÆ. ET AXIÆ. ÆLIANÆ.
  FILIÆ DVLCISSIMÆ.
  TERENTIVS MVSEVS
  HOC SEPVLCHRVM
  POSVIT.

Examinez, avec attention, les fragments mutilés de ce bas-relief sépulcral sur lequel on voit Apollon entouré des neuf Muses. C'est un beau travail artistement exécuté.

Cet autre bas-relief, d'un genre très-ordinaire, retrace une bruyante chasse au cerf et au sanglier. Le costume des coureurs est très-pittoresque.

Les fils d'Asilius Sedatus et de Pompeia Graphina ont fait sculpter les traits de leurs parents.

 A. ASVIO SEDATO POM. GRAPHINI
 SEDVLVS. ET SECVRVS. FILI. PARENTIBVS.
  VV. FECERVNT.

Non loin se trouvent les monuments funèbres de Metellia Protis, d'Aturia, de Julia Amabilis.

Vous parcourez, avec attendrissement, les plus touchantes expressions suggérées par la douleur à la tendresse de Parthénope, mère inconsolable de la perte de sa fille bien-aimée.

D.
O DOLOR QUANTÆ
LACHRIMÆ. FECERE
SEPVLCHRVM. IVL. LV
CINÆ. QVÆ VIXIT. KA
RISSIMA. MATRI. FLOS. Æ
TATIS. HIC IACET. INTVS.
CONDITA. SACXOO. VTINAM.
POSSIT REPARARI. SPIRITVS ILLE.
VT SCIRET. QVANTVS, DOLOR. EST.
QVÆ. VIXIT. ANN. XXVII. M. X. DIE. XIII.
IVL. PARTHENOPE. POSVIT. INFELIX. MATER.
M.

Voici le beau sarcophage de Julia Tyrannia, jeune épouse décédée à 20 ans 8 mois, qui, par ses mœurs et ses vertus, servit d'exemple aux autres femmes. Autarcius son beau-père, et Laurentius son mari, lui consacrèrent ce marbre funèbre dont la face principale est divisée en trois compartiments ; au milieu :

JVLIÆ. LVC. FILIÆ. TYRANNIÆ.
VIXIT. ANN. XX. M. VIII.
QVÆ. MORIBVS. PARITER. ET.
DISCIPLINA. CETERIS, FEMINIS.
EXEMPLO. FVIT. AVTARCIVS.
XVRVI. LAVRENTIVS. VCXORI.

A gauche : un syrinx, à 7 tuyaux, suspendu au mur dans son étui, un hydraule ou orgue à eau, un pin et un bélier.

A droite une lyre, son plectrum, et un autre instrument de percussion entouré d'anneaux de fer.

Encore une œuvre admirable de l'époque romaine : le tombeau que Cornelia Jacæa se fit dresser de son vivant. Il est décoré de têtes de béliers, de guirlandes de fleurs élégamment entrelacées.

D. M.
CORNELIA JACÆÆ
SIBI. VIVA. POSVIT.
HEREDES
CONDENDAM. CV.
RAVERunt.

2° *Tombeaux Chrétiens.*

Le tombeau sur lequel est représentée la cueillette des olives, mérite un examen tout particulier. Plusieurs jeunes enfants composent le tableau. Trois d'entre eux montés sur des échelles ramassent des fruits dans de petits paniers. Ils les donnent à leurs compagnons qui les jettent dans d'autres paniers plus larges posés à terre. A l'extrémité, s'élève le pressoir, *torcularium*, jadis surmonté d'une croix (1).

(1) Ce sarcophage se trouvait autrefois dans le parvis de l'église N.-Dame de Grâce ou St.-Honorat. Il était entiè

Qui ne s'arrêterait pas en face du riche sépulcre de marbre du saint prêtre Concorde? Là, sous un portique superbement décoré de colonnes cannelées en spirale, Jésus-Christ assis sur un trône, les pieds placés sur un escabeau, instruit ses apôtres et une foule nombreuse que l'on aperçoit à travers les entre-colonnements. A droite, un homme, et à gauche, une femme, terminent la scène. Sur le couvercle, les douze apôtres sont encore représentés, ayant devant eux des volumes roulés. Au milieu est l'inscription :

INTEGER ATQVE PIVS VITA ET CORPORE PVRVS
ÆTERNO HIC POSITVS VIVIT CONCORDIVS ÆVO
QVI TENERIS PRIMVM MINISTRVM FVLSIT INNANIS
POST ETIAM LECTVS COELESTI LEGE SACERDOS
TRIGINTA ET GEMINOS DECEM VIX REDDIDIT ANNOS
HVNC CITO SIDEREAM RAPTVM OMNIPOTENTIS IN AVLAM
MATER BLANDA ET FRATER SINE FVNERE QVÆRVNT(1).

En face de ce tombeau, il y en a un autre parfaitement conservé, couvert d'allégories mystiques. Plusieurs arcades y sont figurées par des arbres touffus dont les branches entrelacées

---

rement conservé, lorsque Dumont le grava pl. XX. n. 1.— Ménestrier dans son histoire de Lyon, p. 39, donne la figure d'un tombeau semblable conservé au Musée de Lyon.

Voyez aussi Annal. institut. archeol. Roma. 1839.

(1) Plusieurs historiographes affirment que ce fut là le sépulcre de saint Concorde, archevêque d'Arles. Voyez mon opuscule sur les Alyscamps.

forment un portique naturel. Au-dessus, voltigent de blanches colombes; tandis qu'un ignoble serpent, rampant le long du tronc d'un de ces arbres, est prêt à atteindre de son aiguillon empoisonné des œufs mollement posés dans un petit nid.

Le groupe de chacune des six arcades rappelle un miracle de notre Sauveur; la résurrection de Lazare, l'hémorroïsse, la multiplication des pains et des poissons, le changement de l'eau en vin aux nôces de Cana, la guérison de l'aveugle de Jéricho et de l'aveugle-né. Enfin dans l'arcade du milieu, une femme priant les bras étendus, et derrière elle deux autres personnages qui semblent pleurer.

Contre le mur sont fixées les tablettes de plusieurs sarcophages chrétiens. D'abord le passage de la mer rouge (1), puis sur un autre, Moïse frappant le rocher, saint Pierre reniant son bon maître, le changement de l'eau en vin, la chaste Suzanne, la guérison de l'aveugle, la résurrection de Lazare dont on aperçoit le corps debout enveloppé de bandelettes.

Considérez un moment le sépulcre que la tradition populaire prétend avoir contenu les

---

(1) Un sarcophage sur lequel est aussi gravé le passage de la mer rouge, et provenant également des champs Elysées d'Arles, sert de cuvette à la fontaine de la cour des Eaux Thermales d'Aix.

dépouilles mortelles de Constantin II. Au centre, brille le monogramme du Christ entouré d'une couronne. Au-dessous, s'élève la croix que vénèrent deux soldats agenouillés, dont l'un porte le manteau de guerre (*Paludamentum*). De chaque côté, se tiennent debout les douze apôtres revêtus de la tunique et du pallium.

On s'étonne justement d'apercevoir ici le couvercle du tombeau de St. Hilaire, xxiv° évêque d'Arles. C'est avec une respectueuse émotion qu'on parcourt cette simple épitaphe : (1)

SACRO
SANCTÆ LE
GIS ANTESTIS
HILARIUS
HIC QUIESCIT †

Autour on a gravé un cœur, une urne, une croix et deux colombes.

Le cœur symbolise sa charité, l'urne et la croix son apostolat, et les deux colombes la pureté de son ame.

Remarquez aussi la partie antérieure du tombeau chrétien sur lequel le Christ, du haut de la

---

(1) J'ai découvert au mois d'octobre 1853, dans les terres transportées des Alyscamps, aux environs du théâtre antique, près la porte de *l'Aure*, l'épitaphe de saint Héros, IIme évêque d'Arles. Elle fait le plus bel ornement de mon cabinet particulier ; c'est une vraie relique :

SANCTvs
HEROS
SVMMVS ANTEstrs
O.............. ......

montagne, proclame les béatitudes. Quatre fleuves auxquels quatre agneaux (les chrétiens) se desaltèrent, coulent devant lui. Saint Paul reçoit le saint évangile des mains du sauveur. Puis, Paul et Jean, Pierre et Jacques occupent les deux arcades voisines. Sur l'un des palmiers chargés de fruits, est le phénix, symbole de l'immortalité. Enfin J.-C. lavant les pieds à saint Pierre, et comparaissant ensuite devant Ponce Pilate qui se lave les mains.

Voyez le petit tombeau de Chrysogone Siricio enlevée, à l'âge de 3 ans, à l'amour de son père Valerius et de sa mère Chrysogone.

PAX. ÆTERNA.
DVLCISSIMÆ. ET. INNOCEN
TISSIM. FILLIÆ. CHRYSOGONE. IV
NIOR. SIRICIO. QVÆ. VIX. ANN. III.
M. II. DIEB. XXVII. VALERIVS. ET. CRY
SOGONE. PARENTES. FILIÆ. KARIS
SIMÆ. ET. OMNI. TEMPORE. VI
TÆ. SVÆ. DESIDERANTISSI
M.A.E.

Ce tombeau fut trouvé aux Alyscamps, enfermé dans un autre sépulcre de pierre ordinaire. Il contenait un léger cercueil de plomb, où les ossements de la jeune Chrysogone étaient enveloppés d'une riche draperie d'or et de soie.

Comme il est consolant et beau de voir arriver jusqu'à nous, après tant de siècles, les grands souvenirs bibliques et religieux, ainsi rappelés sur le marbre ou la pierre ! Chacun de ces précieux monuments est un symbole de la révélation divine.

3. *Les Dalles funéraires, les Cippes et les Urnes cinéraires.*

Avant la construction des sépulcres, les anciens, après avoir brûlé le corps du défunt, en déposaient les cendres dans une urne, qu'ils recouvraient de terre. Au-dessus, au niveau du sol, ils plaçaient une tablette de marbre ou de pierre sur laquelle étaient inscrits le nom, la qualité, l'âge du mort et les titres de celui qui l'avait enseveli.

D'autrefois au lieu d'une table, on élevait un cippe espèce de colonne brisée. Remarquez surtout ceux de Pompeia Graphina, de Julia Amabilis, de Calphurnie, fille de Marius vainqueur des Cimbres :

CALPHVR
NIÆ
CAI MARII
CONS. FILIÆ
PIISSIMÆ
CIMBROR
VICTRICI (1).

---

(1) Il faudrait VICTRICIS. Cette faute de latinité a rendu douteuse à quelques écrivains l'authenticité de ce cippe. Mais comme l'ont prouvé M. Raoul Rochette et M.

de Julius Florus, de Sextus Hermès, d'Assuius Sedatus, de Paquius Pardalas et de son épouse Emilia Eucarpia. Celui-ci, par sa partie supérieure creusée en forme de cratère, prouve bien que ces petits monuments consacrés aux dieux mânes, servaient aux libations de lait et de miel que l'on offrait à ces puissances infernales.

Les urnes cinéraires et les dalles funéraires sont très nombreuses et très variées de composition et de forme.

4° *Statues.* — *Bustes.*

Notre musée est très pauvre de statues. Mais le petit nombre de celles qui le parent, bien que mutilées, fixent pourtant l'attention des archéologues, par la délicatesse, la grâce et l'idéal merveilleux que les artistes grecs et romains imprimaient à leurs œuvres.

La statue décapitée de Mithra, trouvée en 1598 sur l'emplacement du Cirque romain, occupe le suprême degré de la sculpture antique. Elle est environnée des replis tortueux d'un énorme serpent. Les intervalles sont remplis par les signes du zodiaque.

Les corps drapés de trois danseuses et deux

Vermiglioli, les fautes d'ortographe fourmillent sur les marbres antiques:

Lettre à milord Aberdeen p. 100, et antiquités grecques du Bosphore Cimmérien, p. 28. Lezionni elementari di archeologia. vol. II. Leg. V.

statues de silène provenant du théâtre, paraissent l'ouvrage d'un habile ciseau. Le dieu, père nourricier de Bacchus, est nonchalamment accoudé sur une outre évidée. Le gouleau est percé. C'est par là que s'échappait le vin distribué au peuple, pendant les fêtes publiques.

En 1822 les fouilles exécutées au théâtre romain, mirent à découvert une tête de femme d'une incomparable beauté. Malheureusement le nez fut brisé. Aucune inscription n'a pu jusqu'ici permettre d'assigner un nom à ce chef-d'œuvre.

Une autre belle tête fut encore trouvée là en 1835. Le front, les cheveux, l'exacte similitude des traits avec ceux que les graveurs nous transmettent d'Auguste, ont fait juger que c'était le vrai portrait de cet empereur. Cette tête colossale appartient au torse donné en 1821 par le conseil municipal d'Arles au musée de Paris (1).

Je ne dirai rien de cette prétendue Médée et de ses enfants, ce groupe de mauvais goût, en pierre calcaire, faussement dénommé. Le regard effrayé de cette femme prête à tirer un poignard pour se défendre contre les attaques de quelque féroce animal, n'est pas celui d'une mère qui est sur le point d'immoler ses deux fils. Et ceux-

---

(1) M. Huart, conservateur du Musée d'Arls, a vérifié à Paris, que dans les deux fragments l'endroit de la cassure correspond exactement.

ci, épouvantés comme elle, se réfugient dans les plis de sa robe.

5° *Les Autels*.

L'autel de la bonne déesse, si justement célèbre, fut découvert en 1653 dans les fondations de la porte de N.-D. La Major. Il est du deuxième siècle.

BONNÆ DEÆ
CAIENA PRISCÆ LIBERTA ATTICÆ
MINISTRA.

Celui d'Apollon provient du théâtre. On le trouva en 1822 placé au centre de l'orchestre. En face est représenté le dieu de la poésie. Sur un des côtés il remporte la victoire sur Marsyas, et sur l'autre, un phrygien lui offre un sacrifice.

Un autre autel en marbre blanc, trouvé à côté de la tête d'Auguste, est orné d'une couronne de chêne, de palmiers et de cygnes.

6° *Les Colonnes*.

La colonne Constantine, dédiée par les arlésiens à l'empereur César-Flavus-Valérius-Constantin fils du divin Constance, a long-temps servi de câble sur les bords du Rhône. Ainsi s'explique l'échancrure causée par le frottement des cordes.

IMP. CÆS. FL. VAL. CONSTANTINO,
P. F. AVG. DIVI. CONSTANTI.
AVG. RII. FILIO.

Cette grande colonne de granit, placée à l'entrée du Musée, a été retirée des ruines de l'abbaye de Saint-Césaire bâtie sur les substructions d'un temple de Jupiter, dont cette colonne faisait partie.

Plusieurs tronçons de colonnes de tous genres sont aussi répandus çà et là.

7° *Débris de Corniches, Chapiteaux, Amphores. — Tuyaux de plomb.*

Les innombrables débris de corniches, si variées et si parfaites d'exécution ; ces pompeux chapiteaux à feuilles d'acanche si finement découpées, proviennent, en général, du théâtre romain.

Les hautes amphores de terre cuite ont été fabriquées à Arles même, sous la domination romaine. Le nom de l'ouvrier est souvent marqué au fond du vase avec les abréviations O ou OF (officinâ), M ou Man (manu), ou encore F (fecit) (1).

Les tuyaux de plomb que vous voyez sur le sol furent retirés du Rhône, il y a quelques années. Ils portent le nom du fabricant
C. CANTHIVS POTHINVS FAC.

8° *Armoires.*

Dans ces armoires sont conservés précieusement tous les objets que leur fragilité expose-

---

(1) Voyez les observations sur des noms de potiers et de verriers romains par M. Charles Dufour.

rait à la destruction. On y voit des urnes cinéraires, avec les cendres et les ossements calcinés ; des Fibules, des Lécythes, des Rhytons, des préféricules, des lacrymatoires, des lampes, de petites idoles de bronze, trois figurines d'Isis sur un piédestal de bois noir, un petit Mars, un Hercule gaulois, un Jupiter, des clefs en bronze, des anneaux, des cachets, des agrafes, des bracelets, des miroirs en cuivre, etc..........

En terminant là cette description rapide et imparfaite du Musée, je puis dire, comme notre célèbre Estrangin, qu'elle n'est destinée qu'à inviter les amateurs de l'archéologie à venir les visiter. Mais cet examen ne doit pas être un simple objet de vaine curiosité. Dans ces traces d'une civilisation presqu'entièrement effacée, il faut rechercher ce que fut Arles antique et y puiser l'espérance de ce qu'elle peut devenir encore dans ce siècle de progrès, de civilisation et d'industrie (1).

(1) Estrangin, Description de la ville d'Arles, antique et moderne. p. 302.

ARTICLE QUATRIÈME

Obélisque.

Ce monolithe élancé fut taillé par les romains dans les carrières de l'Estérel, sur le modèle des obélisques égyptiens. Il décorait la *spina* du cirque dont on ne découvre plus aucune trace, mais que les historiographes placent hors la ville à l'embouchure du canal actuel (1). On le découvrit dans le limon du Rhône. Sa hauteur est de quinze mètres.

Plusieurs écrivains, dit le savant Estrangin, ont imprimé et avec raison : « Que c'est peut-être
» de tous les monolithes de granit, le seul qui
» n'ait reçu aucun signe hiéroglyphique sur ses
» faces, et dont le granit soit sorti des carrières
» de France. (2) ».

L'an 1676, les consuls d'Arles le firent élever sur la place Royale et le consacrèrent à Louis XIV. Un globe d'azur parsemé de fleurs de lys

---

(1) Les seuls restes de ce cirque parvenus jusqu'à nous, sont : l'Obélisque, le Mithra et le piédestal qui supportait les *meta* ou bornes.

(2) Estrangin, Etudes sur Arles, p. 110.

d'or avec un soleil en surmonte la pointe. Les inscriptions pompeuses qui furent gravées sur les quatre faces du piédestal ont été enlevées en 1789.

ARTICLE CINQUIÈME

Eglise primatiale de St.-Trophime.

Cette imposante et belle basilique a été bâtie en 601 par saint Virgile, sous l'invocation de saint Etienne, premier martyr.

En 1152, l'archevêque Raymond de Montrond y transféra de la crypte de St.-Honorat des Alyscamps, les précieuses reliques de saint Trophime. Et dès-lors elle prit le titre de ce grand apôtre des Gaules.

Le vaste portail qui en décore l'entrée, est un vrai drame religieux dont les scènes variées inspirent tour-à-tour la frayeur et la joie. C'est le symbolisme chrétien en action.

Au haut du fronton, les anges envoyés aux quatre coins du monde, font entendre le son redoutable de la trompette effrayante ; pour réveiller au sein des sépulcres les morts immobiles, et les mener au pied du souverain juge. Au milieu du tympan est Jésus-Christ prononçant, en levant la main, la terrible sentence. Un ange, un aigle, un lion et un bœuf placés auprès de de lui, tiennent les livres sacrés des quatre évangélistes dont ils sont les emblèmes. Sous les pieds du Sauveur, les douze Apôtres assis, ont aussi un livre entre les mains. A droite les justes se dirigent vers le Paradis, tandis qu'à gauche les réprouvés, sous l'impulsion d'un affreux démon qui les tient enchaînés ensemble, sont rejetés avec force vers les flammes infernales. Ceux qui les ont déjà précédés se tordent au sein du feu éternel, en grimaçant horriblement.

Adam et Eve succombent, non loin, à la tentation de l'astucieux serpent. Daniel dans la fosse caressé par des lions. Samson, nonchalamment endormi sur les genoux de Dalila, est privé de la force par un philistin qui lui coupe les cheveux.

Puis Jésus né dans un étable, adoré des Mages, fuit en Egypte. Les divers traits de la légende de saint Etienne, premier martyr, remplissent les entre-colonnements. — Sa lapidation. — Il monte au ciel. — Deux anges élèvent son âme jusqu'aux pieds du Tout-Puissant. C'est la psychostasie ou pesée des ames.

Examinez maintenant les grandes statues en pied.

A la droite du portail est saint Pierre. Sur le livre qu'il tient on lit :

    CRIMINIBUS DEMPTIS,
RESERAT PETRUS ASTRA REDEMPTIS.

Saint Jean l'évangéliste avec un livre fermé sur lequel sont écrits ces mots :

XPI DILECTUS JOANNES EST IBI SECTUS.

Saint Trophime est revêtu de ses ornements pontificaux. Son pallium de coupure antique porte ce distique :

Cernitur eximius vir, Christi discipulorum
De numero Trophimus, hic septuaginta duorum.

Saint Jacques avec un livre fermé :

    S C S
    IACO
    BVS.

Saint Barthélemy qui a un livre ouvert et sur les deux feuilles on lit :

    SCS   BAR
    TO   LO
    ME   VS

De l'autre côté du portail, et le plus près de la porte, se trouve saint Paul avec un rouleau déployé qui descend de l'épaule gauche jusqu'au-dessous de la poitrine, et où sont gravés ces deux vers :

Lex Moisi celat quod Pauli sermo revelat.
Nam data grana sina per eum sunt facta farina.

Saint André vient ensuite tenant un livre fermé ; sur la partie supérieure de la couverture est gravé un vers depuis long-temps indéchiffrable. En bas sont sculptés cinq pains. Ce qui fait allusion aux paroles prononcées par cet apôtre, lors du miracle de la multiplication des pains : *Il y a ici un jeune homme qui a cinq pains d'orge et un poisson* (1).

Après saint André, en contournant, est re-

---

(1) V. st. Jean, chap. 6, v. 9.

présenté le martyre de saint Etienne. Ce saint diacre a , sur l'épaule gauche, une espèce d'étole sur laquelle j'ai lu ces quelques mots :

PRO
XRO
SCS
STE
PHA
NVS

Le reste est illisible.

Saint Jacques tenant un livre ouvert.

SC - S
JACO BVS

Saint Philippe : SCS PHILIPPVS.

Enfin, ces lions et ces méandres sculptés sous les pieds des hommes apostoliques, représentent les péchés et les hérésies détruits par la prédication de l'Evangile.

Une belle colonne de granit partage la porte principale. Les petites portes latérales furent construites en 1658 , avec la tribune intérieure qui les surmonte, et dans laquelle on remarque un grand tableau de la transfiguration.

L'œil est agréablement surpris en considérant la majestueuse immensité de la nef. La longueur entière du monument est de 80 mètres. La largeur ne correspond pas à cette profondeur; elle n'a que 30 mètres. La voûte s'élève à 20 mètres. Le clocher en a 42. La surface totale de l'édifice comprend 2,400 mètres carrés.

Vous apercevrez d'abord le tombeau d'un personnage dont le nom est inconnu. Deux anges le transportent vers le ciel. Puis, la statue colossale de saint Christophe portant, sur ses robustes épaules, le divin enfant Jésus. Les consuls d'Arles l'élevèrent en 1677 en l'honneur de Christophe Pilier, leur collègue, député de la cité auprès de Louis XIV (1).

Les armoiries de ce célèbre avocat sont gravées à côté. L'arlésien Dedieu fut le sculpteur de cette œuvre médiocre.

Contre le mur de la nef est adossé un magnifique travail de marbre blanc, qui ornait anciennement une chapelle de l'élégante église des Carmes (2). La mère de Dieu entourée d'une légion d'anges s'élance triomphalement vers les cieux. Les apôtres étonnés entourent son sépulcre vide. Sur le bas-relief, les Israélites traversent la mer rouge poursuivis par l'armée de Pharaon qui s'y engloutit.

L'entrée de la chapelle St.-Jean, aujourd'hui à moitié écroulée se trouvait immédiatement après la porte carrée qui conduit à l'archevêché. On y voit encore les restes du mausolée de Jean

---

(1) Ce grand monarque après l'avoir entendu, se retourna vers ses ministres en s'écriant : *Je ne savais pas qu'il y eût encore des Romains dans Arles.* (Hist. d'Arles, Estrangin, Etudes sur Arles, p. 181.)

(2) Cette Eglise occupait tout l'espace de la rue actuelle des Grands Carmes, près la place de l'Hôtel-de-ville, et plusieurs maisons environnantes où l'on voit encore des voûtes extrêmement élancées.

VIII Ferrier, natif de Tarragone, archevêque d'Arles, et de Jean Ferrier son neveu et son successeur (1524—1550.)

Ce grand tableau représentant la lapidation de saint Etienne est de Finsonius, peintre belge. On y lit sur le côté : *Ludovicus Finsonius belga brugensis fecit anno* 1614.

La chapelle suivante appartient à l'archevêque Gaspard du Laurens (1627). Il l'a dédia aux rois Mages. Finsonius en peignit aussi le rétable et donna les traits du fondateur au roi qui vous reregarde. Le tombeau de ce vertueux prélat est une conception vraiment hardie de notre compatriote Dedieu. Un ange en soulève le couvercle pour laisser apercevoir le pontife s'efforçant de se relever. La charité allaitant deux petits enfants est assise au bord de la tombe. Trois séraphins gracieusement groupés ensemble, présentent l'écusson du défunt, un laurier de sinople au chef d'azur chargé de trois étoiles d'or. L'autel est le tombeau de l'archevêque Rostang de Capre, mort à Arles en odeur de sainteté, le 10 août 1303.

En quittant cette chapelle, redescendez vers les fonts baptismaux. C'est un tombeau gothique extrait des Alyscamps. Il est surmonté de deux colonnes antiques de balsate noir, d'ordre corinthien, découvertes au quatorzième siècle sous le presbytère de Notre-Dame la Major.

Au-dessus est appendue une descente de croix, dont les divers personnages costumés à la mode espagnole du seizième siècle, sont remarquables aussi par leur pose et par le brillant coloris de leurs vêtements.

Vers la porte latérale vous lirez cette inscription :

NOBILLISSIMUS JACOBUS DE LA TOUR

Monumentum hoc, quondam majoribus suis oberogatas ad pia opera largitiones, de venerabili hujus-ce Ecclesiæ Capitulo bene meritis attributum, commodiore loco, recens instauratum curavit, in eoque primùm condidit cineres avi sui amplissimi, nobillissimi D. Antonii de la Tour, qui pie obiit, die 2ª mensis Septembris anno 1669.

D. De la Tour, Vicarius generalis Burdigalensis, olim regis Caroli X eleemosynarius, denuò hoc monumentum restauravit, Anno Domini 1846.

Près des fonts baptismaux reposent deux archevêques d'Arles, Raymond de Mont-Rond et Imbert d'Eyguières. Ainsi l'attestent ces deux brèves épitaphes :

Decimo sexto Kal. Maii, obiit D. RAYMUNDUS de MONTE-ROTUNDO, bonæ memoriæ Arelatensis archiepiscopus, anno Dominicæ Incarnationis MCLX. Orate pro eo.

Decimo tertio Kal. Aug. obiit D. YMBERTVS de Aqueria, bonæ memoriæ Arelatensis archie-

piscopus. Anno Dominicœ Incarnationis M. CCII. Orate pro eo.

Remontez maintenant auprès de la chaire de vérité. Emmanuel Carvalho de Lisbonne la façonna en 1781, avec plusieurs morceaux de marbre antique du théâtre romain. Elle est appuyée sur les emblêmes des quatre évangélistes. Vis-à-vis, l'Immaculée Conception est de l'arlésien Sauvan. L'inscription gravée au-dessous de cette toile rappelle le souvenir de la mémorable mission prêchée à Arles, en 1817, par les missionnaires de France.

Derrière la chaire, ce tableau oblong est la représentation du concile célébré par le grand saint Césaire pour la dédicace de la basilique de la Ste-Vierge (1). Comme la physionomie de la mère de Dieu est ravissante de douceur et d'amabilité! Saint Etienne en habit de diacre lui offre le lys. Quelle respectueuse attitude de tous ces évêques, dont les chappes dorées étincèlent et rayonnent encore d'une fraîche beauté!

Sur votre tête, le buffet de l'orgue construit en 1503, vous dérobe une grande et vieille inscription latine, tracée sous la dictée de saint Virgile:

TERRARVM ROMA   GEMINA DE LVCE MAGISTRA
ROS MISSVS SEMPER   ADERIT VELVT INCOLA JOSEP
OLIM CONTRITO   LETHEO CONTVLIT ORCHO.

(1) Cette curieuse peinture décorait autrefois la salle capitulaire de N.-D. la Major.

Pour bien saisir le sens caché de ces trois vers, réunissez les premières lettres T R O *Trophimus*, ensuite celles du milieu G A L *Galliarum*, enfin A P O *Apostolus*. La lettre H du nom *Joseph* a été transportée dans le mot *orcho*, pour laisser seule la finale P.

Voici la traduction développée de cette inscription importante : *Trophime apôtre des Gaules, envoyé comme une rosée, de Rome la capitale du monde, où brillent les deux flambeaux de la foi (St-Pierre et St-Paul), sera toujours présent parmi nous. Comme un autre Joseph, il nous délivra de l'enfer, en nous tirant des ombres de la mort.*

Elevez vos regards vers le sommet de l'arceau du sanctuaire. Cette vaste fresque peinte en 1768 par Visconti de Milan, représente saint Trophime prêchant l'évangile dans l'amphithéâtre et abolissant, avec le culte des idoles, l'immolation inhumaine de deux innocents sacrifiés annuellement à Diane. Les mères effrayées cachent leurs petits enfants aux sacrificateurs (1).

Sous la tribune de l'orgue, contre le grand pilier du dôme vous lirez ces deux épitaphes :

II NONAS. AVG. OBIIT
RAIMVNDVS DELAVOVTA MILES
ET CANONICVS SANCTI TROPHIMI,
ANNO DOMINI M. C. XCVI. ORATE PRO EO.

(1) Plusieurs historiographes disent que le nom d'Arles vient de *ara lata*, soit parce qu'on y sacrifiait sur un autel élevé.

DEO. OPT. MAX.

HIC JACET NOBILISSIMVS ET ADMODVM REVERENDVS DOM. D. LEO DICARD S. SEDIS APOST. PROTONOTARIVS, ECCLESIÆ ARELATENSIS CANONICVS, VIR JVDICIO ET PIETATE CLARVS, CVI DVM VIVERET, SALVTI CORPORIS ET ANIMÆ DECENTER PROVIDIT, HANC SEPVLTVRAM QVÆ EST ANTECESSORVM IN BENEFICIO EJVSDEM NOMINIS AC FAMILIÆ ELEGIT, PAVLO ANTE OBITVM ANIMVM FVNDANDI SEX ANNIVERSARIA PER ANNVM IN HAC ARELATENSI ECCLESIA DECLARAVIT ; QVOD A NOBILISSIMO DOM. JOANNE DICARD FRATRE AMATISSIMO, LIBENTER PRÆDITVM ET EXECVTIONI FIDELITER MANDATVM EST.

OBIIT DIE XXVII MARTIS ANNO MDCXXXXIII.

Quelques pas plus loin, dans le bras gauche de la croisée, est la chapelle de St.-Genez construite par les deux Grignan, l'oncle et le neveu, archevêques d'Arles, qui y sont ensevelis. Telles sont leurs inscriptions sépulcrales :

IN HVJVS SACELLI MEDIO CONSEPVLTI NOVISSIMAM
DIEM EXPECTANT.

D. O. M.

FRANCISCVS ADHEMAR DE MONTEIL DE GRIGNAN ARCHIEPISCOPVS ARELATENSIS, PRIMAS ET PRINCEPS REGII, ORDINIS COMMENDATOR, IN PAVPERES LARGVS, IN CVRANDA RE ECCLESIASTICA CAVTVS, PRÆSVLVM NORMA, OCVLIS, CAPTV, INGENIO VALENS. ANNOS XLVI HANC SANCTAM ECCLESIAM PIÉ PRVDENTERQVE REXIT, MAGNIS MERITIS ET DONIS EXORNAVIT. VIXIT ANNOS LXXXVI, OBIIT DIE IXâ MARTII, ANNO MDCLXXXIX.

JOANNES BAPTISTA ADHEMAR DE MONTEIL DE GRIGNAN, FRANCISCI EX FRATRE NEPOS IN HAC SANCTA ARELATENSI SEDE PATRVI COADJVTOR, POST ANNOS XXII SVCCESSOR DIGNISSIMVS, EXIMIVS VERBI DIVINI PRÆCO, DISERTISSIMVS CLERI GALLICANI APVD REGEM ORATOR, HVJVSCE TEMPLI AC PALATII ARCHIEPISCOPALIS RESTAVRATOR MAGNIFICVS, TOTIVS DIOECESIS SOLAMEN ET EXEMPLAR, OBIIT DIE IIâ NOVEMBRIS MDCLXXXVII.

Les trois petites chapelles suivantes n'offrent rien de curieux. Celle du fond consacrée au saint cœur de Jésus et appelée jadis chapelle des Guises, renferme deux tombes remarquables. La première est celle du chevalier de Lorraine, tué au château des Baux par l'éclat d'un canon tiré en signe d'allégresse (1) : le cartel sépulcral porte :

1614
Semper erat meritis impar, data gloria sœcli;
Cœlestem merito contulit ergo Deus.

Dans la seconde reposent les restes mortels d'un illustre piémontais décédé à Arles en 1566.

IC IASSET S. Franchiscus de Rodulphis de Bere en Piedmont.

. Au passage est la dalle funéraire du caveau des prévôts de St.-Trophime.

La décoration du sanctuaire dédié à la Ste.-Vierge, primitivement doté en 1462 par le car-

---

(1) Histoire d'Arles par Lalauzière. — Mémoires manuscrits de Louis Romani, aux archives d'Arles.

— 54 —

dinal de Foix, archevêque d'Arles, dont on voit les armes au point de départ des nervures des ogives, est due à la pieuse libéralité du révérendissime chanoine de Grille, prévôt du chapitre en 1768. La ravissante statue de la mère de Jésus-Christ a été apportée de N.-Dame de Grâce des Alyscamps. Elle est l'œuvre du génois Léonard Mirano (1).

Voici dans la chapelle du St-Sépulcre la scène grandiose du Christ au tombeau, composée de dix personnages tous vêtus en dominicains. Elle provient de l'ancienne église de ces religieux. Il est à présumer que le sculpteur appartenait à cet ordre célèbre. L'autel est formé par le sarcophage somptueux de Geminus Paulus, gouverneur des neuf provinces. Jésus-Christ est au centre. D'une main il montre l'évangile, et de l'autre il bénit Geminus humblement incliné qui, se relevant plein de confiance en la parole divine, se montre dans la figure de droite tenant une croix à anse, symbole de la vie future (2). Le monogramme du Christ est très-curieux. L'inscription sciée depuis long-temps a été recueillie par Saxi, le savant historien de la sainte église d'Arles.

Vir AGRIPPINENSIS nomine GEMINUS hic

(1) Cette Statue fut transportée de Gênes à Arles sur le navire de patron Fouque, capitaine marin, et solennellement placée dans l'église de Notre-Dame de Grâce par l'archevêque Gaspard du Laurens (1618). — Voyez ma Notice sur les Champs Elysées d'Arles.

(2) Suivant Ruffin et Suidas.

jacet, qui post dignitatem præsidiatus administrator rationum, qui novem provinciarum dignus est habitus , hic post annos XXXIIX M TT et dies sex fidelis in fata concessit cujus insignem gloriam cives sepulcralia adornaverunt.

Le cardinal de Croze, archevêque d'Arles en 1381, fonda et consacra cette chapelle à saint Martial, son patron. En 1450, le cardinal Pierre de Foix y ajouta quelques ornements et s'y prépara un mausolée qui ne devait pas recevoir ses dépouilles. Plus tard, en 1465, Philippe de Lévis, cardinal et archevêque d'Arles se le destina aussi vainement. Le premier mourut à Avignon et le second à Rome (1).

Voilà pourquoi les écussons demeurèrent vides.

Le sépulcre qui est en face fut élevé par Blanche de Châteauneuf à son mari Robert de Montcalm de St-Véran, emporté par une fièvre épidémique en 1605, à l'âge de 43 ans. Peut-on lire sans attendrissement ces regrets expressifs !

D. O. M.
ET AMORI CONJVGALI SACRVM.

(1) A Rome près de la porte principale de la Basilique de Ste-Marie-Majeure, j'ai lu l'épitaphe des deux frères Lévis, archevêques d'Arles, précédée de ces paroles :

Duo Fratres jacent hic eodem clausi sepulchro , PHILIPPUS et EUSTACHIUS, primus cardinalis fuit, sed Archiepiscopus arelatensis uterque.

Un autre cardinal archevêque d'Arles, Prosper de Ste-Croix repose aussi dans la même église.

Vir magnus vixit regi patriœque, mihique;
Mortuus est aliis at mihi vivit adhuc.
Uxor pientiss. Marito chariss.

Puis au-dessus de quatre petites niches qui contenaient jadis les statues de la foi, l'espérance, la charité et la justice, vous verrez :
CHARITAS. SPES. IUSTITIA. FIDES.

La chapelle suivante renferme les saintes reliques de saint Roch, un des grands protecteurs de la cité.

Visitez maintenant le chœur, construit de 1421 à 1450 par le cardinal Allemand. Au milieu plane, au-dessus du lutrin, l'aigle impériale aux ailes étendues, prise pour armoiries par les chanoines, depuis la publication de la bulle d'or des empereurs d'Allemagne qui leur octroyait de grands priviléges (1).

Vous foulerez la dalle sépulcrale de Mgr de Janson :

HIC JACET

ILLVST. AC REV. DD JACOB. DE FORBIN JANSON, Ecc. Arel. archiep., primas et princeps, sana doctrina oves charissimas fovens, religionis decus et defensor, furente peste commotis civibus, levans manus suas, et pericula

---

(1) Cette bulle conservée dans les archives du chapitre avant 1789, a disparu. Le grand sceau du chapitre est entre les mains de mon honorable ami, M. l'abbé Garcin, vétéran distingué du clergé arlésien, en qui vit ardent le culte des souvenirs de notre sainte église.

suis imminentia adiens incolumitatem et concor-diam revocavit.

Agros devastante locustarum plaga, vepres inter cruentis incedens pedibus, iratum placavit numen, instituendo clero, seu levandis pauperibus, opes, vires, dies consumpsit.

Quànto major, tanto sibi vilior charitate in Deum œstuans, obiit die XIV. JAN. anno Dni MDCCXLI. Vixit an. LXVIII. Sedit ann. XXX. PATRI SVO hœredes pauperes posuerunt.

Lugete pastorem, heroem, patrem.

Contre les grands piliers de la coupole, on a élevé deux tables de marbre, l'une aux bienheureux cardinal Allemand et l'autre au saint martyr Dulau.

D. O. M.
ET
IMMORTALI MEMORIÆ.

LUDOVICI ALLEMANDI
sacro-sanctæ romanæ Ecclesiæ
Cardinalis
arelatensis archiepiscopi et primalis,
quem
scientia insignem miraculis clarum
Deo virtutibus,
civitati munificentia
hujusque basilicæ
chori œdificatione
carissimum
Clemens VII beatorum fastis adscripsit,
Anno *MDXXVII post obitum LXXVII*

*hinc
exhumatæ reliquiæ
in Sacrario venerandæ servantur.*

D. O. M.
ET PIÆ MEMORIÆ
Reverendissimi in Christo patris.
JOANNIS MARIÆ DULAU
*sanctæ arelatensis Ecclesiæ
archiepiscopi primatis,
qui
pietate, doctrinâ, moribus perillustris,.
in verbis cleri gallicani
cœtibus veritatis acerrimus defensor ,
serpentes impugnavit errores
et in conventu nationali novatoribus impavide
resistit , propter hæc aliaque plurima
præclara facta, impiissimis viris scelestissime
eorum gladio occubuit die II Septembris, anno
MDCCXCII, œtatis suœ LIV. Inde confessorum
coronam et palmas martyrum gloriose consecutus,
hunc miseri et mœrentes consolatorem, debiles
adjutorem, pauperes patrem, sacerdotes ducem
et exemplar diù lacrymis prosequentur.*

Du sanctuaire, descendez vers la sacristie. A côté de la porte sont ensevelis les archevêques d'Arles, Raimond de Bolène, Michel de Morèze et Hugues Boardy :

*X. KAL. IVLII obiit Dom. RAIMVNDVS
a Bolena bonæ memoriæ arelatensis archiepiscopus, anno Dominicæ Incarnationis MCLXXXII.
Orate pro eo.*

*ANNO DOMINI MCCXVII. XII. KAL. AVG.
obiit MICHAEL de Moresio bonæ memoriæ
arelatensis archiepiscopus. Orate pro eo,*

*ANNO DOMINI MCCXXXII. XIV Kal. decembris obiit Dom. Hugo BOARDY, bonæ memoriæ
arelatensis archiepiscopus. Orate pro eo.*

La date 1655 est gravée sur la voûte de la sacristie. C'est à dire qu'elle a été restaurée sous l'administration de Mgr de Grignan.

Que de reliques vénérables, de vases et d'ornements sacrés, de statues précieuses et de manuscrits inestimables étaient jadis exposés dans le *Sacrarium* ! Aujourd'hui on n'y conserve plus qu'une parcelle de la vraie croix, donnée à l'archevêque d'Arles, François de Mailly, par le pape Clément XI, en échange de la machoire de saint Trophime que ce Pontife avait reçu des Arlésiens (1), le pallium du saint martyr Dulau, le portrait en pied du bienheureux

_____

(1) On trouve aux archives d'Arles les procès-verbaux d'envoi par Mgr François de Mailly, des reliques de saint Trophime au pape Clément XI, le bref de ce souverain pontife du 24 juillet 1705 qui en ordonne l'exposition solennelle dans l'église de St-Philippe, à Rome. Dans ces actes, saint Trophime est toujours appelé *Apôtre des Gaules, Disciple des apôtres eux-mêmes.* — Chaque année, un triduum de prières a lieu les 29, 30 et 31 décembre en l'honneur du saint apôtre d'Arles, dans la même église de saint Philippe *in Via Julia.* Voyez Diario di Roma. ad ann. 1854.

cardinal Allemand et sa chasuble, une petite conque marine qui servait à appeler les fidèles, aux saints offices, pendant les premiers siècles, et une crosse en ivoire très-ancienne (1).

La porte qui touche presque celle de la sacristie vous conduit au cloître par un vaste escalier.

(1) Il n'y a pas long-temps, on y admirait encore plusieurs antiphonaires de la sainte église d'Arles, manuscrits en parchemin de la plus grande beauté ; ils ont été vendus le 30 mars dernier à M. Répos, imprimeur de Digne.

ARTICLE SIXIÈME

Le Cloître.

—

En arrivant sur le seuil du cloître vous êtes singulièrement ravi à l'aspect de ces gracieuses colonnades. La pose raide des saints immobiles, les nombreux arceaux qui fuient, s'enchevêtrent et se coupent, le préau vide et silencieux, cette petite lampe dont la douce clarté se reflète sur l'image bénie de la reine des anges ; tout vous saisit et vous porte au recueillement.

La galerie dans laquelle vous entrez est composée de quatorze arcades en ogive. Elle date du XIme siècle. D'abord, est la statue de St-Trophime. Sur le piédestal on lit l'épitaphe d'un chanoine enterré sous les dalles :

OBIIT ANNO
MCLXXXVIII IOANNES
SCI TROPHIMI CAN.

Puis les trois Maries, les disciples d'Emmaüs et une autre statue d'un apôtre.

Chaque chapiteau des colonnettes reproduit un trait de l'histoire sainte. 1° les douze apôtres, un lion et un griffron ; la sainte Vierge et saint Joseph ; 2° les tours de Jérusalem, l'Annonciation ; 3° le dernier repas de Jésus-Christ avec ses disciples, et sainte Marthe muselant la Tarasque ; 4° la fuite en Egypte ; 5° Samson ; 6° la lapidation de saint Etienne.

Plusieurs écussons en relief sont disséminés çà et là contre le mur latéral. Il y aussi l'inscription suivante :

ORATE PRO EO

Anno MCCXXI. IIII.ID. octobris. Obiit Bertrand de Satriliano cannonicus regularis SC Trophimi ecclesiæ sacrista.

Cet autel de la vierge a été édifié par Monseigneur de Grignan dont on voit les armes apposées sur le mur.

La galerie que vous allez parcourir est du style ogival. Elle nous vient de Monseigneur de Conzié, archevêque d'Arles en 1380. Ici c'est dans l'histoire ecclésiastique que le sculpteur a puisé les sujets de son travail.

Trois niches sans statues forment le premier pilier, sur lequel on aperçoit des martyrs enchaînés, des bourreaux armés des instruments du supplice, et un évêque donnant la bénédiction.

Le chapiteau de la première colonne représente encore des martyrs enchaînés, des bourreaux armés de massues, et un autel de la primitive église.

Sur le second pilier, des martyrs en dalmatique pendus, ou la corde au cou ; la main du Seigneur est étendue vers eux.

Au chapiteau de la deuxième colonne : des confesseurs de la foi, chargés de liens. Les autres chapiteaux sont imaginaires et fantastiques.

Le pilier qui suit est décoré de niches sans statues, couronnées à la façon gothique. Des religieux implorent le secours de la mère de Jésus-Christ sur la première colonne, tandis que sur la seconde notre Seigneur les instruit (1).

A l'angle une statue supporte une coquille. En dessous, un puits dont la margelle de marbre blanc est la base d'une colonne du théâtre.

« Là, sans doute, écrit M. l'avocat Estrangin,
» était primitivement le baptistère, auprès du
» préau du cloître qui, à la même époque, servait
» de cimetière ; car au moyen âge, le baptistère
» comme le cimetière était auprès de l'église,
» mais en dehors. »

Dans les panneaux de ce pilier on remarque d'un côté, Jérusalem, le temple et la montagne, allusion à la tentation du démon, contre le Sauveur; et de l'autre, la trahison de Judas, la

---

(1) Ce cloître étant destiné d'abord en 1183, aux chanoines réguliers de St-Augustin, il n'est pas étonnant que l'on ait reproduit ici plusieurs scènes de la vie religieuse. Ces chanoines ne furent sécularisés qu'en 1489 par une bulle d'Innocent XIII, pendant l'épiscopat de Nicolas Cibo, son neveu.

scène et le lavement des pieds. Ce personnage, aux traits si grotesques, est Gamaliel. Lisez son nom gravé en caractères gothiques sur le livre qu'il tient entre les mains. — Contre l'arête opposée est la statue de saint Mathias.

Successivement vous reconnaîtrez dans les chapiteaux : 1° La descente du Saint-Esprit sur les apôtres réunis au cénacle ; 2° saint Paul renversé de cheval, l'entrée de Notre-Seigneur dans Jérusalem ; 3° les rois mages avertis pendant leur sommeil.

Un agneau surmonte le pilier, dont les bas côtés sont remplis par les statues d'une reine et d'un saint.

Les chapiteaux voisins représentent : l'arrivée des mages chez Hérode, leurs chevaux accolés sont garnis de selles arabes à dossier relevé ; la fuite en Egypte, les rois mages endormis ; le massacre des Innocents, Rachel pleurant et le roi Hérode. Le groupe du pilier est incomplet. La place du milieu était occupée par un Christ attaché à la colonne (1) ; à la droite un soldat est armé d'un instrument de flagellation et à gauche le traître Judas, tient dans une bourse le prix du sang du juste.

Vous distinguerez sur les chapiteaux : l'ange annonçant aux bergers la naissance du fils de Dieu ; trois aigles et un ange, et enfin la puri-

(1) Cette statue est dans le Musée ; il serait très-convenable qu'on la rendît à sa primitive destination.

fication, la naissance de Jésus-Christ, la visitation, l'annonciation.

En regardant le vieux mur parallèle à la galerie vous apercevrez une aigle impériale, armes du chapitre, entourée d'une guirlande. Plus loin est incrustée l'épitaphe du chanoine prévôt Boson mort en 1181.

ID. SEPT. OBIIT
*Wilelmus Boso sacerdos canonicus regularis
et præpositus sancti Trophimi*
ANNO D<small>NI</small> MCLXXXI.

Revenons au grand pilier de l'angle. Il y a d'abord un apôtre dont le nom a disparu. Dans l'enfoncement on a sculpté la lapidation de saint Etienne. Dieu le père étendant les bras le reçoit dans les cieux. Le saint martyr est debout entre deux pilastres ornés de rinceaux, le mot **STEFANVS** est parfaitement lisible.

L'Ascension du Sauveur remplit le panneau suivant.

Cette dernière galerie est comme la précédente et comme tous les édifices chrétiens de la primitive église, dépourvue d'ornementation. Des arcs doubleaux soutiennent les voûtes à plein cintre. Les colonnes basses sont couronnées de chapiteaux romains. Tout indique la noble sévérité du style bysantin qui dominait au VIIIe siècle.

Les sculptures de la première et de la seconde colonne sont purement idéales. Un vaste tableau en raccourci se déroule sur le chapiteau de la troisième ; c'est le Seigneur donnant à Moyse les tables de la loi, TABVLA MOYSI, et les Israëlites conduisant leurs troupeaux.

Trois statues se groupent autour d'un pilier, saint Thomas, première figure, contemple les plaies de Jésus-Christ, deuxième figure, et ensuite saint Jacques qui porte un livre où son nom est écrit IACOBVS.

Le chapiteau de la colonne suivante, montre saint Paul prêchant aux vieillards de l'aréopage.

Sur la seconde, le Seigneur visite Abraham, et ce grand patriarche apporte sur ses épaules à Sara dont on voit le nom, le veau gras destiné à ses hôtes.

Encore trois statues au costume le plus pittoresque.

Ici sur le chapiteau voisin, Balaam du haut des lieux de Baal, bénit les Israélites campés dans les plaines de Moab. L'ânesse du prophète et la tour d'ISRAEL, rendent cette explication certaine.

Puis le sacrifice d'Abraham.

Enfin la résurrection de Lazare, dont le nom est lisiblement gravé, LAZARE.

Saint Pierre, autrefois facile à reconnaître aux clefs qu'il portait, orne le dernier pillier.

Dans le champ de l'entre-colonnement, deux gardes dorment près du tombeau de J.-C. SEPVLCHRVM DOMINI, deux anges veillent aux extrêmités. Au milieu des nuages se dresse la croix triomphante. En haut notre divin Rédempteur s'élance victorieusement vers les Cieux.

Entre les colonnes du mur, il y a quelques pierres tumulaires. Une seule inscription se lit avec netteté.

ANNO DNI MCLXXXIII obiit Pontius Robollius, sacerdos et canonicus regularis et operarius Ecclesiæ sancti Trophimi. Orate pro eo.

Le cloitre est séparé de la voie publique par une cour allongée. La petite porte a été parfaitement restaurée. Le grand portail est à plein cintre.

De là marchant toujours vers l'Est, vous parviendrez à l'ancien arceau claustral des chanoines, et sur les ruines du théâtre antique.

ARTICLE SEPTIÈME.

Le Théâtre.

—

Le théâtre avait 103 mètres de longueur totale. Quoique considérablement endommagé ou plutôt presque détruit, ce bel édifice n'en est pas moins très-imposant dans sa dégradation. L'époque de sa construction n'a pu jusqu'ici être constatée. Pourtant les taureaux et les bucranes des arcades et des frises, l'autel votif orné de cygnes et de palmiers découvert en 1832, les restes d'une inscription commençant par C. CÆSARI, et enfin la tête colossale de l'empereur Auguste semblent favoriser les probabilités émises par quelques archéologues qui consacrent à cet empereur le théâtre d'Arles.

Tous les ornements élevés en son honneur, disent-ils, portent les mêmes symboles; parce que ce prince, suivant Suétone, naquit dans une maison décorée de têtes de taureaux (1).

(1) Nous savons que Constantius, fils du grand Constantin y fit célébrer des jeux publics. *Arelate hiemen agens Constantius, post theatrales ludos atque circenses, ambitioso editos apparatu, ad diem VI idiis octobris qui imperii ejus annum terminabat*, etc...... Ammien Marcelin, lib. 14, p. 113, edit. Genev.

Reconstruire par la pensée le plan primordial, est chose impossible. Voici ce qu'on peut en saisir.

Le mur de la scène était formé par le rang de grandes colonnes dont deux seulement l'une de brèche africaine, l'autre de marbre saccaroïde de Carrare, sont debout. Trois portes y introduisaient. Celle du milieu, nommée porte impériale *(porta imperialis),* avait quatre mètres de largeur ; c'est par là que se présentait au public le principal acteur de la pièce. Les deux autres entrées *(hospitalia)* larges de trois mètres, étaient destinées aux acteurs secondaires.

Les deux arcades du nord et les trois arcades du midi sur lesquelles se dresse la tour Rolland, sont les restes du grand portique à deux étages qui entourait tout le théâtre. Ainsi les spectateurs pouvaient facilement se rendre de plein-pied sur les gradins les plus élevés, qui, du reste, sont coupés çà et là par de petits escaliers à-demi rongés de vétusté *(scalaria)* (1).

L'hémicycle au pavé de marbre était occupé par l'orchestre. Au centre se plaçaient l'empereur, les courtisans et les sénateurs. En avant,

---

(1) On présume, d'après les dimensions de l'orchestre, que l'ouverture de la scène du théâtre d'Arles était de 42 mèt., que le dernier gradin devait se trouver à environ 156 mèt. de distance du scenium et à une vingtaine de mètres du niveau de l'orchestre. Henry, bibliothécaire de Toulon, note sur le théâtre d'Arles, Estrangin, Etudes sur Arles, p. 54.

à côté d'un petit canal destiné à l'écoulement des eaux, on aperçoit les profondes rainçures dans lesquelles étaient enchassées les poutres qui supportaient le rideau, et les solives de l'avant-scène *(proscenium* ou *pulpitum)*. Quelques antiquaires les font servir aussi aux longs mâts du Velarium (1).

Les galeries latérales étaient les vomitoires par où le peuple s'écoulait, après le spectacle.

Maintenant traversez la place des Cordeliers, dont l'ancienne église est convertie en jardin. Admirez-en la flèche légère qui sert de clocher à la petite chapelle des pénitents noirs (2).

(1) C'est entre cet espace et la scène proprement dite que fut trouvée en 1621 la fameuse statue de Vénus offerte à Louis-XIV, et aujourd'hui dans le palais de Versailles. Depuis 1823 jusqu'à nos jours, on y a découvert le bas-relief de la victoire d'Apollon sur Marsyas, — la tête de femme sans nez, celle de l'empereur Auguste, — les quatre statues dénommées Danseuses, les deux Silènes appuyés sur une outre, — trois autels votifs en marbre blanc, etc....., et enfin quelques fragments d'une grande inscription à deux faces, commençant de part et d'autre par ces mots C. CÆSARI.

(2) La confrérie des pénitents noirs fut établie en l'honneur des cinq plaies de N. Seigneur, le 3 avril 1520, par l'archevêque Jean Ferrier. — J'ajouterai qu'en 1521, ce même pontife créa celle des pénitents blancs, sous l'invocation du saint nom de Jésus. — L'année 1522 vit surgir deux autres congrégations à la fois, celle de N.-Dame de Pitié des pénitents bleus et celle de la Sainte.Croix des pénitents gris. Celle-ci dut sa création à Ardouin Castillon, commandeur de Saliers, général des galères.

ARTICLE HUITIÈME.

L'Amphithéâtre.

—

Le poète Martial avait bien raison de chanter la magnificence de l'Amphithéâtre (1). La grandeur, l'élévation, la majesté du peuple-roi animent ce colosse de pierre. On ne peut résister à un mouvement spontané d'étonnement lorsqu'après avoir traversé le vaste arceau, on aborde sur le *podium*.

Devant vous s'étend cette arène prolongée jadis frémissante sous les bonds furieux des féroces animaux et les dernières palpitations des gladiateurs expirants (2). Peut-être aussi fut-

---

(1) Martial, lib. de Spectaculis, egrcy. 1 v. 7 et 8.

(2) On a long-temps conservé, dans le cabinet du chevalier de Romieu, un des billets d'entrée en plomb (*Tessera Amphitheatri*), qui portait écrit sur une de ses faces : CAV. II., CVN. V. GRAD. X , GLADIATORES VELA ERVNT. Cette antique tessère, dont on a trouvé l'analogie dans les ruines de Pompéi, ajoute le savant Estrangin, prouve évidemment : 1°. qu'à Arles les CVNEI gradins étaient numérotés; — 2°. qu'il y a eu dans les arènes d'Arles des combats de gladiateurs ; — 3°. qu'un immense *velarium*, en grande toile de forme ovale, tendu au-dessus

elle comme à Rome arrosée du sang innocent des martyrs de la foi (1).

Les lions, les tigres et les léopards destinés au combat s'échappaient des loges souterraines (*carceres*) par les portes basses situées près du sol. Sur la plinthe d'une de ses portes on lit :

V. S. D. D. P. A. S.
VOTVM SOLVTVM DECRETO DECVRIONVM PRO
ARELATENSIVM SALVTE.

Le mur d'enceinte de l'arène était revêtu de larges dalles couvertes d'inscriptions à moitié détruites. La plus visible est celle-ci :

C. IVNVS PRISCVS IIV.....INQ. CAND. ARELATE
ITEM PLI..........O.....MCVM...NVIS.
ET SIC NEPT....ENLICA... E POLLICIT HSCC D-C FVI...
RAVIT............
VORVM.....IV LVMIN. XII HOM. IN. XXXIIII FORNS....
LIII F.....VI NAM MORES DEDIT.

Au-dessus quarante-trois gradins superposés étaient tous distingués par des numéros différents.

---

de la partie circulaire des gradins, défendait du soleil les spectateurs.

Estrangin, Études sur Arles, p. 35.

Voyez aussi l'ouvrage intéressant de M. l'abbé Corblet, Architecture nationale.

Mazois, Ruines de Pompei, 4. 3. Frontispice.

(1) La chapelle de St.-Genès, martyr, et celle de St.-Michel le vainqueur de Satan, établies dans les arènes d'Arles, indiquent, en effet, qu'elles furent ensanglantées aussi par les victimes de la persécution payenne.

LOCXX.D.D. LOC.
LOC. A.D.A.
LXX V.D.

Vingt-cinq mille spectateurs pouvaient y prendre place.

L'étendue de l'Amphithéâtre est de 11,776 mètres carrès.

Le diamètre intérieur de l'arène sur le grand axe a 69 mètres 40 centimètres. Chaque rang de portiques est de 60 arcades cintrées d'inégale largeur, à cause de la forme ovale du monument (1). Le premier rang est dorique, le second corinthien.

L'attique ayant disparu, la hauteur totale ne peut être appréciée. Ce couronnement formait un troisième étage, percé de grandes fenêtres à travers lesquelles l'air intérieur se renouvelait, lorsque le *velarium* était tendu.

Vers la fin du VIII° siècle, la ville d'Arles tomba par trahison au pouvoir des cruels Sarrasins. Le vali de Narbonne Ioussouf Ben-Abdel-Rhaman transforma l'amphithéâtre en forteresse et bâtit d'énormes tours d'observation sur

---

(1) Sa forme est ovale comme celle de tous les autres édifices de ce genre, car l'amphithéâtre était ainsi appelé, parce qu'il était formé de deux théâtres réunis ensemble sans scène. Ainsi le définit Lypse : *Amphitheatrum junctum et factum erat ex duobus theatris rejectá scená.* Cap. 8. de Amphitheatro.

les quatre faces (1). Après une sanglante bataille dont la *Croix des Maures* que vous verrez à côté de l'édifice nous a conservé le souvenir, les sectateurs de Mahomet furent honteusement chassés avec perte.

Alors de nombreuses mais chétives habitations envahirent l'arène, les gradins, les galeries, toutes les parties enfin de l'Amphithéâtre dégradé. M. le baron de Chartrouse maire d'Arles et député en commença la restauration avec une ardeur digne de son généreux dévouement pour tout ce qui pouvait contribuer à relever sa patrie déchue.

A quel siècle appartient ce monument, on l'ignore. Il est probable qu'il fut construit, quarante-trois ans avant la naissance de N.-S. Jésus-Christ, par Tibère Néron, père de l'empeteur Tibère questeur de Jules César et fondadeur de la colonnie arlésienne. La raison en est, écrit l'illustre J. Lypse, « que les Romains
» envoyaient rarement des colonies dans les
» villes considérables, qu'ils ne leur fissent bâ-
» tir en même temps un amphithéâtre, pour
» mieux captiver leur bienveillance, et pour
» rendre leur domination plus douce à leurs
» nouveaux sujets (2). »

---

(1) On raconte que le célèbre Abd-el-Kader, en passant à Arles, aperçut ces tours arabes, et s'écria : « Ah ! je reconnais-là l'œuvre de nos ancêtres.

(2) Lypse, - de Amphith. quæ extra Romam extant.

Les historiographes nous apprennent que plusieurs empereurs romains y firent célébrer des jeux.

En 251 Gallus et Volusien (1).
Constante II en 353 (2).
Vers 461, Majorien (3).

Lorsque le roi Childebert vint prendre possession de la ville d'Arles, l'an 538, il répara l'amphithéâtre et renouvela les combats des gladiateurs, ou plutôt les combats simulés; défendant expressément aux acteurs de se faire le moindre mal.

En face de la porte de l'Est s'étend la place de N.-D. la Major. Les explorations qu'on y a opérées pendant ces dernières années, ont mis à découvert trois mosaïques infiniment curieuses. Si le sol antique pouvait être recherché sous les maisons environnantes, inévitablement on y ferait de riches trouvailles.

---

(1) Pomponius Lætus.
(2) Ammien Marcellin, lib. XIV, c. V.
(3) Sidoine Apollinaire, Epist. XI.

ARTICLE NEUVIÈME.

L'Eglise de Notre-Dame la Major.

Après la chapelle des Alyscamps construite par saint Trophime, en l'honneur de la mère de Dieu encore vivante (1), la vénérable basilique de N.-D. la Major ou Ste-Marie Majeure, est la plus ancienne (2) ; c'était un temple dédié à Cybèle.

La découverte de l'autel de la bonne Déesse aujourd'hui au Musée, trouvé en 1758 dans les fondements du nouveau porche, donne plus de vérité à cette assertion. Du reste le caractère architectonique de l'édifice ne laisse aucun doute à cet égard.

L'épaisseur massive des murs, la force des piliers et le contour cintré de quelques fenêtres murées, au-dessus du bas côté méridional, attestent la plus haute antiquité (3). La voute actuelle remplaça au seizième siècle une charpente vermoulue.

(1) Voyez mon opuscule sur les Champs Elysées.
(2) Le chapitre collégial de N.-D. la Major composé de neuf chanoines et d'un doyen fut établi en 1551 par le pape Jules III.
(3) Thomas Hésope, histoire de l'architecture, -- Daniel Ramée manuel de l'histoire générale de l'architecture.

L'abside était jadis décorée de huit belles colonnes de porphyre que les Arlésiens offrirent en présent à la reine Catherine de Médicis (1).

Le tiers de l'édifice ayant été converti en sub-structions sépulcrales, cet exhaussement du sol a dénaturé l'ordonnance régulière et primitive.

La chapelle de la Ste.-Vierge (2) était autrefois consacrée à St.-Marc. On y conservait la mâchoire de cet évangéliste donnée en en signe de reconnaissance par les habitants de Venise qui avaient reçu de nos pères un approvisionnement important de blé, pendant une famine désolante (3).

Les bergers, les meûniers et les gardiens de chevaux ont, dans cette paroisse, une chapelle particulière consacrée à leurs bienheureux pa-

---

(1) Ces colonnes, plusieurs sarcophages de marbre et d'autres morceaux précieux périrent dans le Rhône, près de Vienne et y sont encore. (Millin. Tom III, pag. 504.)

(2) La statue de la Ste Vierge est de l'habile sculpteur Monti, notre contemporain.

(3) Cette précieuse relique fut déposée dans cette église, parce qu'en ce temps-là, elle était la paroisse de MM. les Consuls, lorsque l'hôtel-de-ville était dans le quartier communément appelé Charles-Chinet. Et c'est ce qui procura à cette église l'action du panégyrique qu'on y fait, toutes les années, des antiquités d'Arles, le jour de saint Marc. (Seguin, antiquités d'Arles.)

trons St.-Véran, St.-Martin et St.-Georges. L'autel magnifiquement sculpté et le tableau de cette dernière chapelle ornaient, avant 1789, l'abside de l'ancienne église de St.-Blaise du monastère de St.-Césaire (1).

St.-Charles y est aussi vénéré depuis sa canonisation, par une congrégation de pieux Arlésiens. La peinture qui représente le saint archevêque de Milan, demandant à Dieu, la corde au cou de délivrer de la peste, son troupeau cruellement frappé, est un don de Mgr Charles de Janson, évêque de Nancy et fondateur de l'œuvre de la rédemption des enfants chinois.

La cuve baptismale est une coquille de marbre vert antique (2).

Sur la porte intérieure vous lirez une inscription copiée sur une vieille pierre trouvée dans les bases de l'édifice :

ANNO CREATI ORBIS IVMCCCCXIV,
CHRISTI NATI IVCLII,
Pontificatus Leonis primi magni XIV,
Valentis et Maetiani imp. III.
Opilione et Vincomalo romanorum coss.

(1) Voyez mon histoi e de St Césaire p. 164.

(2) Ce curieux morceau de marbre servait de borne au coin d'une rue de la ville. Le respectable doyen de cette église, M. le chanoine Gaudion amateur distingué de la science archéologique, la demanda et l'obtint en la faisant remplacer par une pierre ordinaire.

MEROVEI francorum regis V.
Ravenio arelatensis episcopom VIII idus Jul. II.
Dedicata est basilica sanctæ Mariæ majoris,
Nostræ arelatensis civitatis.
Præsentia XXXIV episcoporum
Qui ibidem tertium arelatense concilium
celebraverunt.

Ce sanctuaire auguste a donc été consacré sous le vocable de N.-D. la Major, en 452, par l'évêque Ravennius en présence de 34 évêques.

Plusieurs conciles solennels y ont été tenus ; entre autres, le célèbre concile de 314 contre les Donatistes et contre le baptême des hérétiques. Le quinzième canon le nomme général, en disant : *Primum concilium arelatense ex omnibus partibus mundi celebratum.* Saint Augustin l'appelle *plenarium ecclesiæ universæ concilium*, composé qu'il était de deux cents évêques (1).

La sacristie est riche en saintes reliques. On y vénère un bras du saint vieillard Siméon, la tête de sainte Rusticule abbesse du *Grand couvent* de saint Césaire, plusieurs ossements de saint Côme et de saint Damien, la tunique, la ceinture, les deux palliums et les sandales de saint Césaire, etc.........

En sortant de N.-D. la Major, suivez la rue de la Magdeleine. Vous rencontrerez la chapelle

---

(1) Loc. cit. dans mon sommaire sur Arles.

élevée au VIe siècle par saint Césaire à la mémoire de l'illustre et sainte pénitente de la Baume. Et, chose déplorable, le lieu saint abrite aujourd'hui les plus vils animaux !

L'abside seule a conservé sa forme primitive. On reconnait au dessin des sculptures et aux lignes des murailles, l'influence du style roman.

De là, poursuivez votre marche jusque près des remparts (1), la grande porte du monastère de saint Césaire se présente à vos yeux.

(1) Ces remparts ont été batis par Jules César. Les deux grands bastions du centre servent aujourd'hui de réservoir à l'eau qui se distribue dans la ville. Bienfait inoui que nous devons à M. Chauchard ingénieur civil.

ARTICLE DIXIÈME.

L'Abbaye de Saint-Césaire.

L'abbaye de Saint-Césaire ou le Grand couvent, comme dit le peuple, fut fondée en 513 par le saint et bien-aimé pontife dont elle porte le nom. Sa sœur sainte Césarie en devint la première supérieure. Après elle brillèrent aussi, par leurs vertus, sainte Césarie la jeune, sainte Liliole, sainte Rusticule, sainte Eulalie, sainte Léocadie, sainte Suzanne, sainte Julienne, sainte Eugénie, sainte Victoire, sainte Euphonie et sainte Primiole. (1)

De toutes les constructions primitives, il ne reste plus que l'abside de la nef dédiée à saint Jean, comblée jusqu'à la moitié de sa hauteur. Elle est ornée et soutenue, en dehors, par des pilastres cannelés, couronnés de chapiteaux à feuilles d'acanthe. L'ornementation intérieure a été détruite en partie. La voûte par son allure et par son style semble appartenir à une époque plus rapprochée de nous. Au sommet, autour d'un agneau reposant sur la croix, se lisent ces mots ; ECCE ATHGNVS DEI.

Il est probable que l'église actuelle de St-

(1) Voyez mon histoire de St-Césaire, Ch. IV.

Blaise qui est près de cette dernière construction, fut bâtie sur les ruines de la basilique de la Ste Vierge élevée par St Césaire. (1)

En quittant le grand portail pour redescendre vers les arènes, vous apercevrez dans la rue de l'abbaye, à droite, une maison basse dont la façade est décorée d'une statue de la Ste Vierge.

C'est la *maison des saints*; ainsi appelée depuis un temps immémorial. La tradition populaire affirme que St Trophime y habitait, lorsque St Paul et St Jacques vinrent le visiter en se rendant, l'un en Orient, et l'autre en Espagne. Chaque année, a la procession des rogations, le clergé s'y arrête, et chante une antienne en l'honneur de St Pierre, St Paul et St Jacques. (2)

---

(1) Le vieux tableau de cette église fortifie cette opinion. Le martyr St Blaise et l'apôtre St Jean y sont représentés, les yeux fixés sur la Ste Vierge. Cette peinture et l'autel de bois magnifiquement sculpté, qui lui sert de base, sont comme je l'ai dit à l'article IX P. 78, à droite, dans la première chapelle latérale de N. D. la Major.

(2) Aucun monument authentique, aucun écrit certain ne confirment cette croyance. Pourtant, comment expliquer la station d'une procession générale, marquée dans tous les vieux rituels manuscrits de la Ste église d'Arles? J'en possède un transcrit en 1453 où elle est formellement prescrite. La restauration de cette religieuse coutume eut lieu, en 1834, sur les instances d'un pieux vieillard nommé *Ripert Pange lingua* propriétaire de cette habitation.

ARTICLE ONZIÈME.

L'église de St-Antoine et St-Julien.

—

Cette église consacrée en 1119 par le pape Calixte II à son retour du concile de Reims (1) rebâtie, en 1647, sur un plan gothique avec une façade grecque, ne doit sa célébrité qu'aux vénérables reliques du grand patriarche des anachorètes St-Antoine. (2)

L'hémicycle de l'abside est décoré d'une boiserie dorée assez bien conservée. Les nombreux calices qui y sont sculptés, rappellent le bienfait de l'adoration perpétuelle du St-Sacrement établie dans cette église. Avant la révolution elle appartenait aux religieux Bénédictins de Mont-Majour, qui, chaque année, à la procession votive du 17 janvier, venaient exprès de leur couvent pour célébrer la fête du saint titulaire. (3)

(1) Pandulphus — chronic. — Pont. arcl. saxi. Bonnemant-Seguin.

(2 et 3) Voyez mon opuscule sur les ruines de l'Abbaye de Mont-Majour. Lisez à ce sujet les intéressantes et judicieuses notices sur St Antoine du désert, par l'honorable M. Bosc secrétaire en chef de la commune d'Arles.

ARTICLE DOUZIÈME.

Le Palais de Constantin.

—

La ville d'Arles était devenue le lieu de prédilection de l'invincible Constantin. Après l'avoir magnifiquement ornée de superbes monuments, l'avoir enrichie d'une école publique devenue si fameuse dans les Gaules, d'un hôtel des monnaies (1) et d'un marché général des blés ; ce grand empereur voulut la placer désormais au-dessus de toutes les cités rivales, en y transférant le siége du prétoire et en la décorant de son propre nom.

Lorsque le séjour de Rome lui devint insupportable, son projet favori était d'établir sa demeure permanente, dans la ville chérie où *tout ce que le riche Orient, l'Arabie parfumée, la délicate Assyrie, la fertile Afrique, la belle Espagne et la Gaule courageuse produisent de renommé, abondait avec une telle profusion que toutes les merveilles des diverses parties de la terre semblaient des productions du sol (2).*

(1) Voici la manière dont l'hôtel des monnaies d'Arles est désigné sur les médailles : P.-AR. P.-ARL, S.-ARL, S.-AR, T.-AR ; abréviations qui signifient : *Percussa, Arelata, — populus arelatensis, — signatus Arelate, senatus arelatensis, — tributum arelatensium.*

(2) Edit d'Honorius et de Théodose à Agricola, préfet des Gaules.

Depuis 314 jusqu'au 11 mai 330, jour où fut célébrée la dédicace de la Rome des Gaules, les artistes les plus renommés de l'empire romain travaillèrent à l'édification de l'immense et somptueux palais.

« Tous les historiens qui en ont parlé, écrit
» le docte M. Clair, dans son livre si profond et
» si attrayant *Arles antique et moderne*,
» s'accordent à lui attribuer une magnificence
» extraordinaire. La brique, la pierre, le mar-
» bre, les matériaux les plus précieux y étaient
» prodigués. Tout ce que nous en savons par
» nous-mêmes se borne à la connaissance de
» son emplacement, attesté par des restes de
» bâtisse qui ne sont pas sans intérêt. On sait
» aussi que sa façade, chargée d'ornements,
» de colonnes et de statues se déployait en face
» du Forum, et que ses arrières constructions
» dans lesquelles la brique dominait, étaient
» baignées par les eaux du Rhône. »

« Il ne reste plus rien des bâtiments d'avant-
» corps qui ont entièrement péri, ou sont en
» partie ensevelis sous les maisons de la ville.
» Mais il est facile de juger de leur richesse
» par les découvertes qui ont été faites, chaque
» fois qu'a été soulevé le sol sur lequel ils s'é-
» levaient, et par les fragments de colonnes qui

» gisent encore dans les rues et sur la place
» qu'occupait le château (1).

La tour de la porte Saint-Jean qui faisait partie du palais, est bâtie en briques et en moëllons smillés de diverses couleurs.

Après Constantin, les chefs des Goths, les rois de France, les rois d'Arles et les comtes de Provence habitèrent successivement la demeure impériale. Son existence est constatée dans nos chartes jusqu'au XIII° siècle.

(1) Les monuments d'Arles antique et moderne, p. 58.

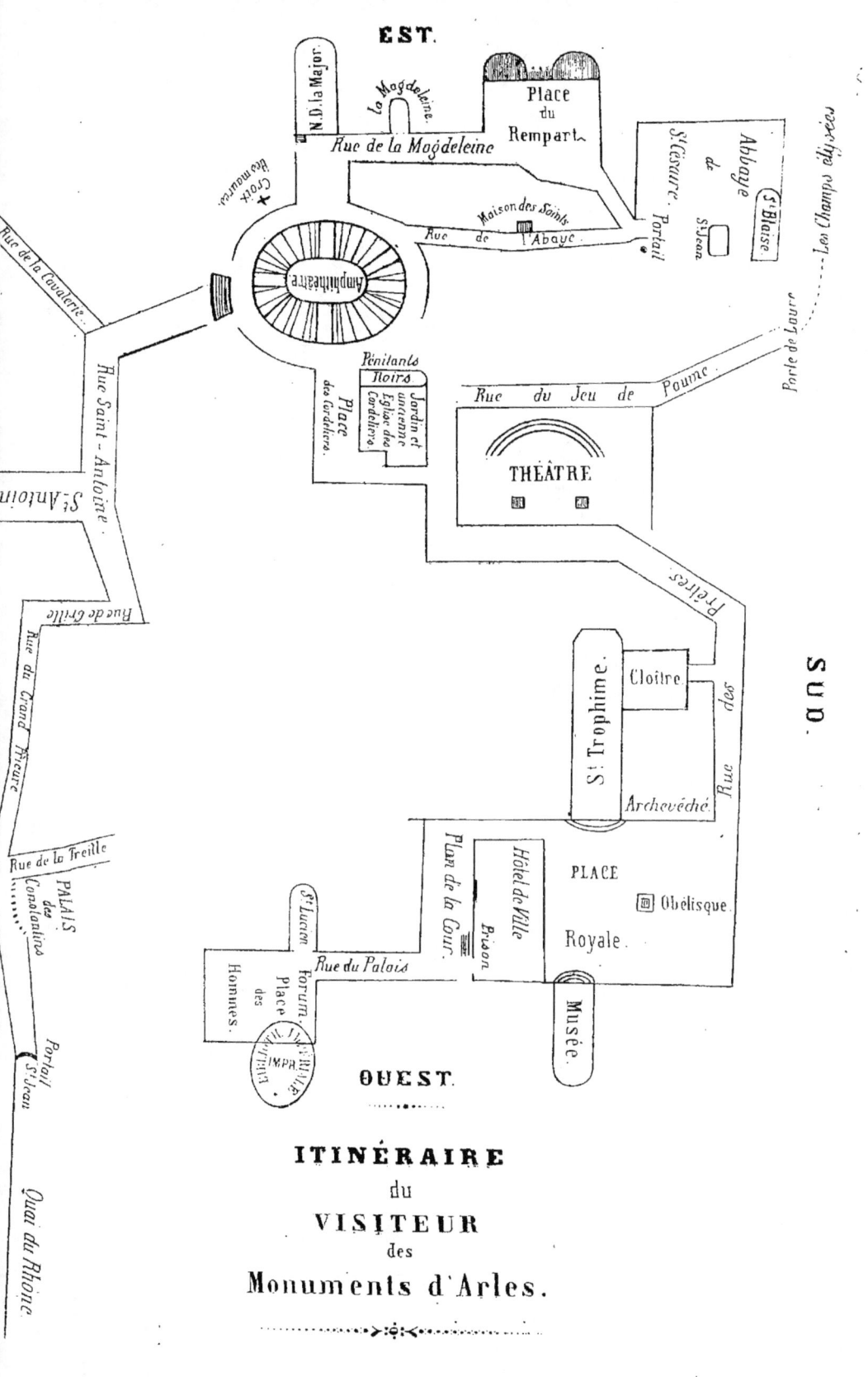

ITINÉRAIRE du VISITEUR des Monuments d'Arles.

ARTICLE TREIZIÈME.

Les Champs-Elysées. — L'Abbaye de Mont-Majour.

Sortons maintenant hors des murs de la cité. Des monuments respectables y réclament aussi nos religieux hommages.

Ici, c'est le cimetière des Champs-élysées ; cette terre sanctifiée par la divine apparition de notre Sauveur Jésus, et par les ossements vénérables qu'elle recèle en son sein.

Puis au nord-est, les ruines gigantesques d'une célèbre abbaye de Bénédictins, sur la montagne pittoresque de Mont-Majour, que la nature et les arts ont, comme à l'envie, pompeusement embellie de leurs attraits enchanteurs (1).

---

(1) Aux Aliscamps et à Mont-Majour le visiteur trouvera une notice spéciale, que j'ai faite imprimer, avant d'avoir l'idée de ce petit livre.

On la trouve aussi à l'imprimerie veuve Cerf, rue du Sauvage 7, et chez M. Serre libraire, Plan-de-la-Cour.

FIN.

TABLE

Avant-propos 3
Sommaire historique sur Arles......... 7
Article premier. — Les deux colonnes de la place des hommes. — Le Forum. 19
Article II. — Hôtel de ville.......... 23
Article III. — Musée............... 27
Article IV. — Obélisque............. 41
Article V. — Basilique de St-Trophime. 43
Article VI. — Cloître............... 61
Article VII. — Théâtre. — Église des Cordeliers 68
Article VIII. — Amphithéâtre........ 71
Article IX. — Église de N.-D. de la Major. — Eglise Ste-Madeleine........ 76
Article X. — Abbaye de St-Césaire. — Maison des saints.................. 81
Article XI. — Église St-Antoine...... 83
Article XII. — Palais de Constantin. — Porte St Jean.................... 84
Article XIII. — Les Champs-Elysées. — Abbaye de Mont-Majour......... 87

ARLES, IMPRIMERIE VEUVE CERF, RUE DU SAUVAGE 7.

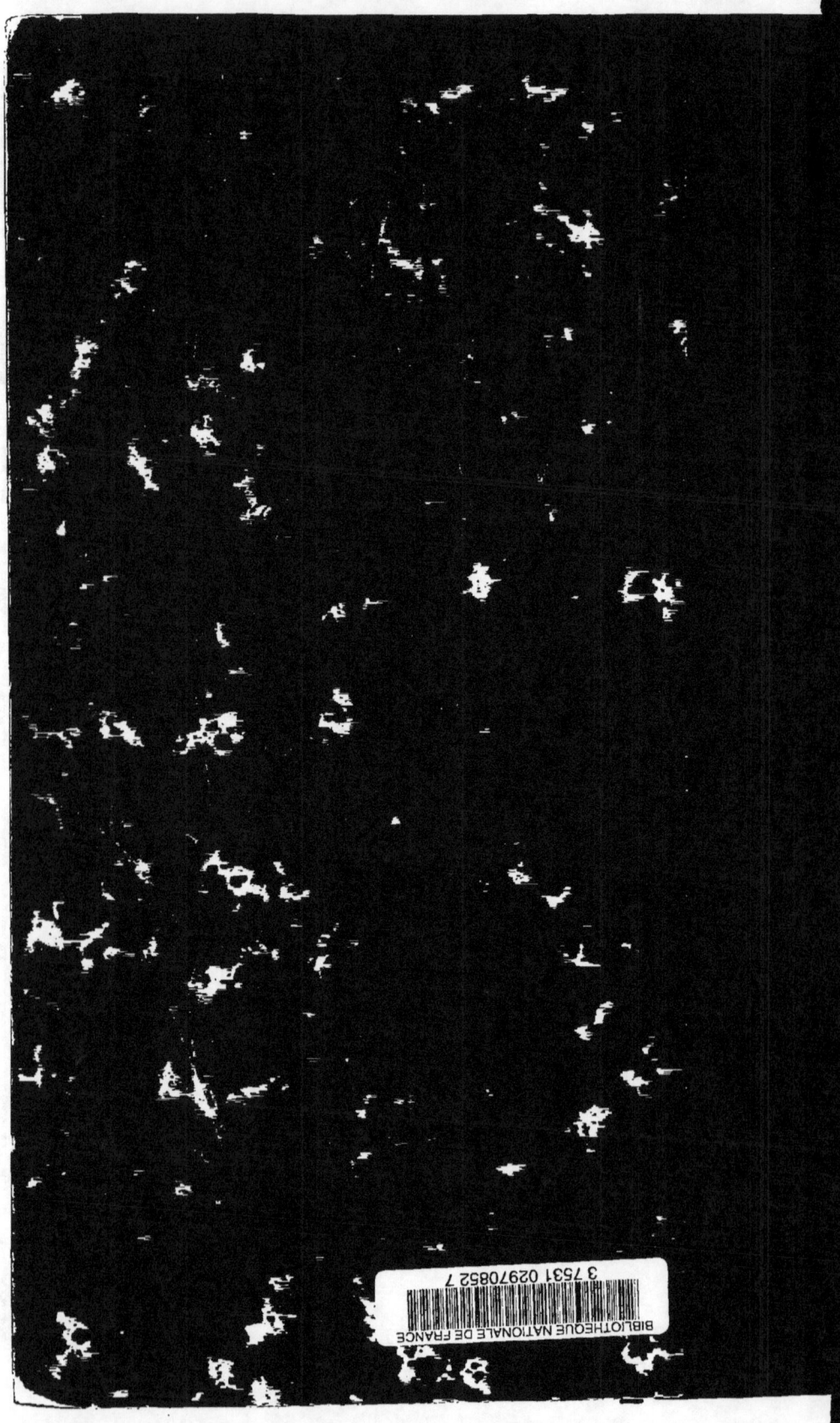

www.ingramcontent.com/pod-product-compliance
Lightning Source LLC
LaVergne TN
LVHW050627090426
835512LV00007B/714